海江田万里

後悔は海よりも深く

民主党《タイタニック》は浮上するか

RYUHO OKAWA

大川隆法

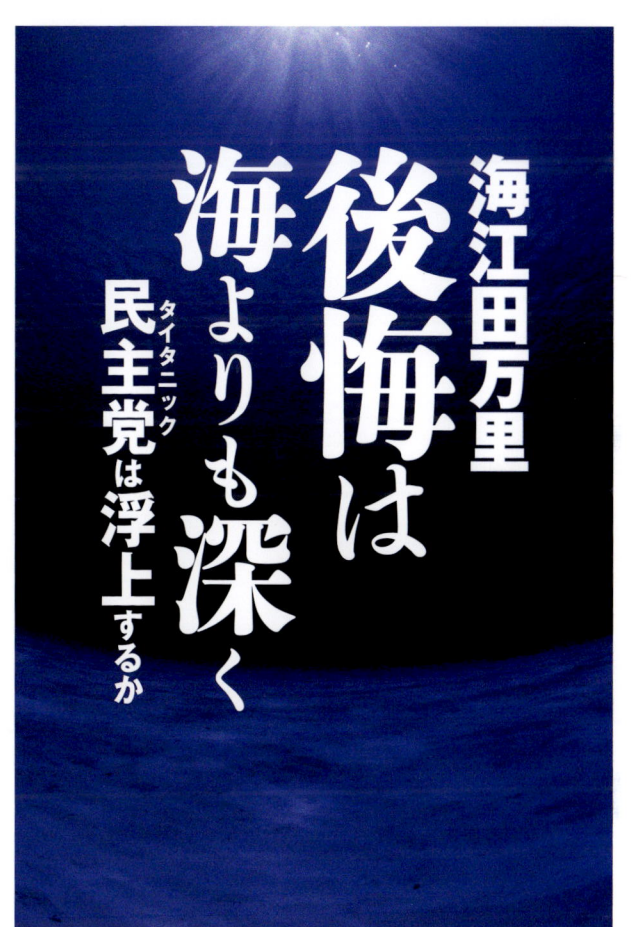

まえがき

民主党が沈んでいく。わずか四年前に七十パーセントもの内閣支持率を誇《ほこ》り、マスコミの大々的な期待を受けて、この国の政権運営という処女航海《しょじょこうかい》に出たものの、巨大客船は、船長三人がめまぐるしく交代しているうちに「まさか」の沈没を始めた。自らを船長あるいは、楽団の指揮者にたとえた海江田代表は、「鋼鉄《こうてつ》でできた船は、理論的に絶対に沈む」と予想している。乗客を避難させるボートの絶対数も足りない。一等客席（保守系）のチケットを持っている者のみ、逃がすか。

しかし船長（海江田氏）は、ひたすら救援の船が来ることを願いつつ（自民党の自爆《じばく》を待ちつつ)、タイタニック号と運命を共にするつもりのようである。「アベノミクス」は、本当は経済の専門家である海江田氏の手でやってみたかったであろう。「乗り込んだ船が違っていた」――その後悔《こうかい》は海よりも深く、助けてくれるスーパーマンは現れないようだ。

二〇一三年　八月十日

幸福実現党総裁《こうふくじつげんとうそうさい》　大川隆法《おおかわりゅうほう》

海江田万里・後悔は海よりも深く　目次

海江田万里《かいえだばんり》・後悔《こうかい》は海よりも深く

――民主党《タイタニック》は浮上《ふじょう》するか――

二〇一三年八月三日　海江田万里守護霊《しゅごれい》の霊示《れいじ》

幸福の科学「奥《おく》の院精舎《いんしょうじゃ》」にて

10　日本と中国の「未来」を占《うらな》う　181

「霊言現象《れいげん》」とは、あの世の霊存在の言葉を語り下ろす現象のことをいう。これは高度な悟《さと》りを開いた者に特有のものであり、「霊媒現象《れいばい》」（トランス状態になって意識を失い、霊が一方的にしゃべる現象）とは異なる。外国人霊の霊言の場合には、霊言現象を行う者の言語中枢《ちゅうすう》から、必要な言葉を選び出し、日本語で語ることも可能である。

また、人間の魂《たましい》は原則として六人のグループからなり、あの世に残っている「魂の兄弟」の一人が守護霊《しゅごれい》を務めている。つまり、守護霊は、実は自分自身の魂の一部である。したがって、「守護霊の霊言」とは、いわば本人の潜在《せんざい》意識にアクセスしたものであり、その内容は、その人が潜在意識で考えていること（本心）と考えてよい。

なお、「霊言」は、あくまでも霊人の意見であり、幸福の科学グループとしての見解と矛盾《むじゅん》する内容を含《ふく》む場合がある点、付記しておきたい。

海江田万里《かいえだばんり》・後悔《こうかい》は海よりも深く

――民主党《タイタニック》は浮上《ふじょう》するか――

二〇一三年八月三日　海江田万里守護霊《しゅごれい》の霊示《れいじ》

幸福の科学「奥《おく》の院精舎《いんしょうじゃ》」にて

海江田万里《かいえだばんり》（一九四九〜）

経済評論家、民主党代表（衆議院議員）。東京都出身。慶応義塾《けいおうぎじゅく》大学法学部政治学科卒業後、参議院議員（野末陳平《のずえちんぺい》氏）秘書を経て経済評論家となり、テレビや雑誌等で活躍《かつやく》した。一九九三年、日本新党より衆院選に出馬して初当選、一九九六年には鳩山由紀夫《はとやまゆきお》氏や菅直人《かんなおと》氏らと民主党を結成した。民主党政権誕生後、菅直人内閣で経済産業大臣などを務め、東日本大震災《だいしんさい》後は原子力経済被《ひ》害《がい》担当大臣を兼務《けんむ》した。二〇一一年八月の民主党代表選に出馬し、決選投票で野田佳彦《のだよしひこ》氏に敗れたが、二〇一二年十二月、民主党代表に就任した。

質問者　※質問順

酒井太守《さかいたいしゅ》（幸福の科学宗務《しゅうむ》本部担当理事長特別補佐《ほさ》）

石川雅士《いしかわまさし》（幸福の科学宗務本部第一秘書局局長代理）

［役職は収録時点のもの］

1　民主党・海江田万里《かいえだばんり》代表の「本心」を探《さぐ》る

豪華客船《ごうかきゃくせん》タイタニックのように沈《しず》んでしまった民主党

大川隆法　政治系統の霊言《れいげん》のシリーズで、最近、社民党や共産党、公明党の各党首の守護霊《しゅごれい》霊言を収録しましたが（『そして誰《だれ》もいなくなった――公開霊言 社民党 福《ふく》島瑞穂《しまみずほ》党首へのレクイエム――』『共産主義批判の常識――日本共産党 志位《しい》委員長守護霊に直撃《ちょくげき》インタビュー――』〔共に幸福の科学出版刊〕、『公明党が勝利する理由――山口《やまぐち》代表 守護霊インタビュー――』〔幸福実現党刊〕参照）、今日は民主党の海《かい》江田万里《えだばんり》代表の守護霊霊言を収録したいと思います。

民主党は、昨年までの政権政党であり、二大政党を張っていたところなので、本当は霊言収録の大きなターゲットになるのですが、最近の都議選や参院選でかなりの大敗を喫《きっ》したため、私は気の毒で収録できず、放っておいたのです。

ただ、そうは言っても、去年までに三代の総理大臣を出したところなので、いずれかの機会に、また力を出してくるかもしれません。

気の毒で、選挙の直後には、やりにくかったのですが、少し時間がたったので、本日、海江田代表の守護霊霊言を行い、「この夏、海江田代表は、どのような巻き返し作戦を立てているのか」ということ等を、調べてみようと思います。

彼は、かつて経済評論家としてテレビ等に出ていたころには、お茶の間《ま》の人気者でした。主婦層には、かなり人気があったのではないでしょうか。分かりやすい経済解説等のできる人であり、私自身は、彼に対し、別に悪い印象は持っていません。

私たちの教団の地元である港区《みなと》あたりを地盤《じばん》にしている方《かた》なので、街で彼のポスターをよく見かけます。選挙では与謝野馨《よさのかおる》さんといつもデッドヒートをし、大変な選挙戦をしておられました。

その海江田氏が、三人の総理経験者のあとを継《つ》いで民主党代表に就任したのですが、人気が出て党勢が回復するかと思いきや、そうはなりませんでした。前の三人による破壊《はかい》の度合いはかなり大きく、現時点でも、民主党は沈《しず》んだまま上がってこられない状態です。

昔、「絶対に沈まない」と言われていた豪華客船《ごうかきゃくせん》タイタニックが、処女航海《しょじょこうかい》で氷山《ざん》に当たり、大西洋に沈んでしまいました。「タイタニック」という映画にもなったので、ご存じの方も多いと思いますが、その映画はアカデミー賞を取りました。

以前の民主党は、政権与党を務め、大きな勢力であったのですが、今では、まるで、タイタニックが氷山に当たり、三分の一、三分の二と船体が沈んでいき、最後、船尾《せんび》を上にして直立した姿になって、船尾に乗客が集まり、逃《に》げようとしている感じでしょうか。

民主党には、今後、逆転の〝必殺技《わざ》〟があるのでしょうか。

また、民主党がぶつかった〝氷山〟は、いったい何であったのでしょうか。それは安倍《あべ》さんの自民党でもあったでしょうが、「もしかすると、私ども、幸福実現党、幸福の科学による民主党攻撃《こうげき》も、かなり効いたのではないか」という気もするのです。

「発言」と「本心」とに乖離《かいり》がある印象の海江田代表

大川隆法　安倍政権が七カ月以上続き、今、自民党は巨大《きょだい》与党になっていますが、マスコミの攻勢は厳しくなってきつつあります。

この情勢のなかで、安倍政権の今後を占《うらな》う上でも、かつて政権党であった民主党の代表である海江田さんの頭の中身、あるいは心の内を読んでおくことは、情報的には非常に価値のあることではないでしょうか。

また、今、海江田さんには、ほとんど取材がないでしょうが、彼の頭の中身や心の内は、マスコミ的には情報として取れない部分であろうと思うのです。

これは私の率直《そっちょく》な印象なのですが、今の海江田さんの場合、発言と本心との間にかなり乖離《かいり》があるように感じられます。

海江田さんは、今、野党側なので、もちろん、与党である自民党に反対する立場で発言しておられるでしょうし、民主党にも圧力団体がたくさん付いているので、その利害も代表していると思います。また、民主党内には、党内野党のような、彼の考え方に反対する人たちの意見もかなりあるでしょう。

そのように、いろいろな方面からの圧力等を受けながら、党の代表を務めているので、私は、「今の海江田さんの発言は、必ずしも本心と同じではなく、ある意味で、かなり乖離があるのではないか。もしかすると、彼の考え方は、実は、私の考え方とそう離《はな》れていないのではないか」という印象を、実は持っているのです。

「私の考え方に近い、安倍自民党の経済政策は、海江田さん自身の考え方とも、それほどずれてはいなかったために、それを海江田さんは非常に攻撃しにくかったのではないか。攻撃したら、自分の本心に反する部分もあったのではないか。そのへんが民主党の大敗につながった面もあったのではないか」という気がしないでもありません。

ただ、選挙で負けたとはいえ、民主党には、自民党の行方《ゆくえ》によっては、シーソーのように再び上がってくる可能性もまだあります。他《た》の野党は小さいので、民主党が浮上《ふじょう》する可能性もあるのです。

したがって、海江田代表の考えや民主党の今後の可能性について、探《さぐ》っておくことも大事なのではないでしょうか。

民主党代表、海江田万里氏の守護霊を招霊《しょうれい》する

大川隆法　今日の霊言には、「海江田万里・後悔《こうかい》は海よりも深く」という、海江田さんの名前にちなんだ題を付けてみましたが、副題は「民主党《タイタニック》は浮上するか」となっているので、「そして誰もいなくなった」（前掲《ぜんけい》）という題を付けた、社民党に対する扱《あつか》いに似てはいるかもしれません。

ただ、どういう内容になるか、まだ分からないので、海江田さんの守護霊の話を聴《き》いてみようと思います。

「海江田さんの心の内には、おそらく、表面に現れているものとは、かなり違《ちが》うものが、隠《かく》れているのではないか」と思うので、そのへんをシンプルに訊《き》いていただくと、「ええっ?! 本当は、そのように思っているの?」と驚《おどろ》くような話が聴けるかもしれません。それこそ、ジャーナリストが考えてもいなかったような答えが、出てくるかもしれないのです。

思いつくかぎり、幾《いく》つかの〝球〟を投げてみて、それに対する答えを今後の参考にできればと思います。

（合掌《がっしょう》し、瞑目《めいもく》する）

では、民主党代表、海江田万里さんの守護霊をお招きし、そのご意見を伺《うかが》いたいと思います。

海江田万里さんの守護霊よ。

海江田万里さんの守護霊よ。
どうか、幸福の科学に降りたまいて、その本心を明かしたまえ。
海江田万里さんの守護霊よ。
民主党代表、海江田万里さんの守護霊よ。
どうか、幸福の科学に来たりたまいて、その本心を明らかにしたまえ。

（約五秒間の沈黙《ちんもく》）

2　民主党大敗の要因

「武士の情け」を求める海江田代表の守護霊

海江田万里守護霊　あっちゃあ、私もやるんですか。

酒井　おはようございます。

海江田万里守護霊　いや、そりゃあ、やっぱり、「武士の情け」ってあるでしょう？　せっかく今まで民主党をやらないで我慢《がまん》していたのなら、「ここは見逃《みのが》す」っていう手もあるんじゃないですか。

酒井　いや、「今、タイタニックのように沈《しず》みつつある」と言われてはいても、民主党は、まだ、かなりの数の議員を抱《かか》えております。

海江田万里守護霊　ああ、そうですか。まあ、みんな、逃《に》げ惑《まど》ってる乗客のようなもので、「どうやってボートに移ろうか」と考えてる人ばかりですからねえ。

酒井　そうですね。

海江田万里守護霊　私は船長かもしれないけど、もう、信用は、ほとんどありません。「みなさん、この船は絶対に沈みません」と言ってたのに、どんどん沈んでいっている。誰《だれ》が見ても、浸水《しんすい》してるのが分かる状態ですのでね。

海江田代表は「沈《しず》みゆく船で演奏を続ける楽隊の指揮者」？

酒井　参院選後、海江田さんは民主党の代表を辞任しませんでしたが、これは、やはり、「誰も代表をやりたくない」ということなのでしょうか。

海江田万里守護霊　本当は、あれだけの大敗をして、代表が辞任しないのであれば、責任ある政党ではないですよね。しかし、「今は受け手がいない」ということです。

酒井　いないですよね。

海江田万里守護霊　細野《ほその》（豪志《ごうし》元幹事長）だって逃げてるけど、将来がある身としては、そうなる。そんなもの、今、受けたら、これで葬《ほうむ》り去られますからね。

酒井　そうですよね。そういう意味では、海江田さんは、みなさんが嫌《いや》がるものを引き受けて……。

海江田万里守護霊　そうなんですよ。だから、タイタニックの船長でなければ、沈《しず》んでいく船の上で楽隊を指揮してた指揮者みたいなもんですよ。

酒井　（笑）

海江田万里守護霊　みんながパニックにならないよう、ボートに乗り移らず、最後までプロの心意気で音楽を奏《かな》でながら、船と共に沈んでいく。そういう、死を覚悟《かくご》した上で音楽を奏でてる楽隊の指揮者のような心境ですね。

酒井　そんな心境ですか。

海江田万里守護霊　だから、今日は、「タイタニック」という題を、よく付けたと思います。そのとおりです。

自力《じりき》回復は不可能で、「他力《たりき》」に期待するしかない民主党

酒井　海江田代表は、「もう民主党は終わりだ」と認識されているわけでしょうか。

海江田万里守護霊　まあ、そのとおりですわ。

いや、だけど、分からないですね。サルベージ（救助）されて、引き揚《あ》げられることがあるから。

酒井　そうですか。

海江田万里守護霊　（民主党の沈んだ）海が、北極海の、あんな深い所かどうか、分からないからね。日本の浅瀬《あさせ》かもしれないからさ。

酒井　ただ、引き揚げるのは非常に大変な作業ですけどね。

海江田万里守護霊　いや、「ブイか何かをつけて浮《う》かんでくる」ということも、あるかもしれないじゃないですか。

最近、麻生《あそう》さんの「ナチス発言」が出たりしたので、浮力《ふりょく》がどこかから生じて、上がってくるかもしれない。そういう感じじゃない？

酒井　そうですか。そういう意味では、「『自力《じりき》』で回復することは、もう不可能だ」とお考えですか。

海江田万里守護霊　それは、ほとんど不可能ですけども、「他力《たりき》」は世の中のいろんなところに潜《ひそ》んでますからね。何が「他力」になるか、それは分からないですよ。経済だって、こちらが何もしなくても、例えば、アベノミクスがグワンと落ちれば、株価は大暴落していくしね。

酒井　そうですね。

海江田万里守護霊　それは分からないですよ。

酒井　「そのときに政権が再び民主党に来るかどうか」という問題はあります。

海江田万里守護霊　そうそう。「そのときの受け皿をつくれるかどうか」ということですね。だから、みんな、いったん船から避難《ひなん》して、溺《おぼ》れかけてたように見えたけど、「豪華客船《ごうかきゃくせん》の近くには、きちんと救いの空母が来ていた」という感じに見せないといけないいんじゃないかな。

酒井　それがタイタニック号だったら、救助を求めても駄目《だめ》なわけですよね？

海江田万里守護霊　近くに船が……。だから、ＳＯＳを出しても、別の船が迎《むか》えに来る時間があるかどうか、その計算が必要ではありますよね。

酒井　そうですね。

海江田万里守護霊　海に浮かんでいられる時間には、やっぱり限度があるからね。

酒井　そうですね。分かりました。

幸福実現党は、長く浮上《ふじょう》しないでいられる〝原子力潜水艦《せんすいかん》〟？

酒井　それでは、話を戻《もど》し、選挙について、お伺《うかが》いしたいと思います。

海江田万里守護霊　ああ、そうか。もう古い話じゃないか。

酒井　古い話にしてしまってもよいのですが、一度、清算しないといけないと思うのです。

海江田万里守護霊　そうかあ。まあ、うちはタイタニックだけど、おたくは、海の底で待ってるようなものだからさ。

酒井　今は〝潜水艦《せんすいかん》〟ですから。

海江田万里守護霊　〝潜水艦〟だな。

酒井　〝潜水艦〟は、これから浮上《ふじょう》し……。

海江田万里守護霊　二度と浮上しないよね。

酒井　どこで浮上するか、今、考えています。

海江田万里守護霊　「サブマリン何とか」って、昔あったなあ。「浮上せず」というやつが。

酒井　タイタニックは、一度、沈んでしまえば、もう使いものになりません。

海江田万里守護霊　おたくは〝原子力潜水艦〟だから、一年間も浮上しないでいられるのね？

酒井　大丈夫《だいじょうぶ》です。

海江田万里守護霊　なるほど、なるほど。

党首討論で「勝った」と思い、選挙に負けた野田《のだ》首相

酒井　それはともかく、今回の大敗の原因というか、最も大きな要因は、直前の特定の何かではないと思うのです。三代の総理大臣が率いた民主党政権の清算が、今回の選挙だったと思うのですが、「民主党政権において、何がいちばんよくなかったか」ということについて……。

海江田万里守護霊　民主党政権の最後の首相になった野田《のだ》さんが、安倍《あべ》さんとの党首討論の駆《か》け引きで解散を打ち出し、あのときの国会中継《ちゅうけい》自体では、野田さんが勝ったように見えたんですけどね。

安倍さんは、まさかの〝引っ掛《か》け〟に遭《あ》った。野田さんに解散を迫《せま》ったら、「ええ、いいですよ。解散します」と言われたけど、心の準備ができてなかった。

野田さんは、「解散します。ただし、これ（選挙制度改革）を約束してくれれば」と条件を出し、「これを呑《の》んでくれれば、解散しましょう」と言った。あのときの野田さんは、かっこよかったんだけどねえ。

酒井　（笑）

海江田万里守護霊　だから、野田さんの、あの気《き》っ風《ぷ》のよさで、国会でのあのやりとりだったら、民主党が、小泉《こいずみ》さんの解散のときのように、勝ってもいいような雰《ふん》囲気《いき》ではあったんですけどねえ。

安倍さんのほうが負けたように見えましたよね、一瞬《いっしゅん》。でも、結局は、民主の大敗になってしまった。

だから、マスコミの影響力《えいきょうりょく》も、あなたがたが思うほどではなくなってきたかもしれませんね。

酒井　ほう。

海江田万里守護霊　マスコミが過敏《かびん》に動き、その方向に国民がみな動くかと思ったら、必ずしもそうではなく、「情報が分散化され、さまざまなルートから入ってくるので、国民の大多数は、いろいろなかたちで真実を知りつつあるのかな」と感じましたね。

野田さんは、あのとき、「勝った！」と思ったんじゃないですか。「一撃《いちげき》が入った」と思ったでしょう。しかし、「武蔵《むさし》」対「小次郎《こじろう》」で言えば、「武蔵の鉢巻《はちま》きがひらりと落ちたけど、小次郎の刀は武蔵の体には触《さわ》っていなかった」というところですかね。

「尖閣《せんかく》や消費税は大敗の理由ではない」と見る海江田守護霊

海江田万里守護霊　野田さんの内閣は、最後のころには、いろいろあったけどね。尖閣《せんかく》の問題もあったと思う。あれで、東京都知事が、いい格好をして飛び出してきた。小笠原《おがさわら》諸島ならいいけど、「東京都が沖縄《おきなわ》の島を東京都の所有にする」というのは、普通《ふつう》、ありえない話で、差し出がましいよね。なあ？　そういう僭越《せんえつ》なことをさせずに、尖閣を国有化したこと自体は、別に悪くない。国がイニシアチブを取ったからね。

酒井　そうですね。

海江田万里守護霊　あれは、自民党政権であっても、やっぱり同じだっただろうと思う。やったと思うね。絶対にやった。だから、あれは悪くない。

あと、「消費税増税で負けた」という見方もある。マニフェストに書いてないことをやった。「四年間は上げません」と言ってたのに、四年たってないうちに、上げることにしたので、「嘘《うそ》つきだ」ということになったわけだね。

一斉《いっせい》にワアワア言ってたけども、結局、今の政権も、消費税上げのほうに向かおうとしてるから、同じじゃないですか。財務省の上に乗れば、みんな必ず同じになってくるから、その意味では、別に、矛盾《むじゅん》がそれほどあるわけではないんですよね。

酒井　ただ、自民党は選挙前から「消費税率を上げる」と言っていたんですよ。

海江田万里守護霊　言ってたけど、そんなに大きく公約したわけではない。ただ、「上げない」と言った民主党は、「それで勝った」ということであったから、消費税上げは「裏切り」になるのかもしれないけどね。

しかし、いいほうに解釈《かいしゃく》すれば、野田さんが「消費税上げ」を言ったこと自体は、超党派《ちょうとう》で国に必要なことをやろうとしたわけだし、責任政党としての自覚の表れでもあったわけだ。それは、「民主党は、共産党のような、〝野党のための野党〟みたいなものではない。民主党には、政権を本格的に担《にな》おうとする気持ちがあった」ということだからな。

だから、これほどまでに大敗しなくてはいけない理由はなかったんだけどね。

国民から「民主党政権は災《わざわ》い続き」と思われたのも大敗の理由

海江田万里守護霊　（大敗の理由が）あるとしたら……。まあ、あなたがたは、「国民に信仰心《しんこうしん》がない」とか言ってるけど、意外にあるのかもしれないないな。

酒井　ああ。

海江田万里守護霊　だから、「民主党政権は災《わざわ》い続き」という感じが、国民にあったんじゃないかな。

酒井　それを海江田さんも感じていましたか。

海江田万里守護霊　うーん。感じる。

鳩山《はとやま》さんのときの、外交での「日米安保《あんぽ》のダッチロール」から始まり、日本には、アメリカとの関係が危なくなっていきそうな感じがあったし、北朝鮮《きたちょうせん》や韓国《かんこく》、中国との関係でも、すごく押《お》され、危なくなっていく感じがあった。

それから、菅《かん》さんのときには東日本大震災《だいしんさい》が起きたけど、みんな、天罰《てんばつ》等を信じてないように見えて、やっぱり、「為政者《いせいしゃ》のトップに徳がないと、震災が起きる」という見方は、何となく文化的に染《し》み通っている。
天皇に対して失礼に当たったらいけないから、言葉を慎《つつし》まねばならないけれども、平成の世を、みんな、あまり「いい」とは思ってないわね。経済がずっと悪く、皇太子様の御成婚《ごせいこん》以降も景気がよくならないし、大震災が二つも来たじゃない？

酒井　そうですね。

海江田万里守護霊　「阪神《はんしん》・淡路《あわじ》と東北で、二つの大震災を受ける」って、これは普通ではないよね。だから、天皇・皇后両陛下は、一生懸命《いっしょうけんめい》、避難所を回ってらっしゃるのかもしれないけど、やっぱり、何となく、「天」が喜んでいない感じを、みんなが受けてるような気がする。

酒井　それは、結局、為政者の思想に問題があるわけですよね。

海江田万里守護霊　まあ、そうかもしれないな。

酒井　民主党にしても、大震災は菅総理のときですね。

海江田万里守護霊　だから、「信仰心がない」と言いつつも、みんな、何となく感じ取ってるような……。

酒井　感じ取っていると思います。

菅《かん》総理のパフォーマンス等で、原発事故への対応が遅《おく》れた

酒井　また、これも因果《いんが》関係が明らかだと思うのですが、鳩山さんも菅《かん》さんも、混

乱に、さらに拍車《はくしゃ》をかけたというか、ひどかったですね。どう思われますか。

海江田万里守護霊　まあ、原発事故については、「菅さんがいなければ、あそこまで行かずに防げた」という説もあるからね。

酒井　それについて、あなたは、よくご存じではないのですか。

海江田万里守護霊　俺《おれ》が言ってはいけないのかな。俺が言ってはいけないかもしれないから、これは、まずいなあ。

酒井　あなたは当事者ですから。

海江田万里守護霊　俺も担当してたことがあるのが、ちょっと（注。海江田氏は、菅内閣で経済産業大臣や原子力経済被害担当大臣を務め、福島原発事故への対応に当たった)。

酒井　ただ、あなたの責任だけではないので、菅さんのほうに話を振《ふ》っておいたほうが……。

海江田万里守護霊　菅さんが余計な口出しをするから、現場が混乱したのは事実だね。任せておけばよかったものを、菅さんが東電《とうでん》の本社に乗り込《こ》んでいったりして、ゴチャゴチャ言うもんだから、あれで方針がグラグラしたね。実は、隠《かく》している部分は、だいぶあっただろうと思うよ。だから、現場に任せておけば……。やっぱり遅《おく》れが……。

酒井　まだ隠していますか。

海江田万里守護霊　対応が遅れた部分？

酒井　はい。

海江田万里守護霊　あったと思うよ。菅さんが、いろいろ口出しをしたことがね。原子力の専門家みたいなふりをしてやったりしたし、現場に現れてパフォーマンスをしようとしただろう？

菅さんは、昔、厚生《こうせい》大臣のときに、かいわれ大根を食べて、「安全だ！」とやってみせた（注。菅直人《なおと》氏は、厚生大臣当時、病原性大腸菌《だいちょうきん》O157による集団食中毒事件に関し、かいわれ大根が感染源であると「疑われる節がある」と発言し、風評被害が発生したが、感染源の特定に至らなかったため、報道陣《じん》の前で、かいわれ大根を食べてみせた）。

あのパフォーマンスと同じようなものをしようとして、現場にヘリコプターで降り立ち、「国民のみなさん、大丈夫です。安心してください」とやりたかったのに、爆発《ばくはつ》が起きてしまい、突如《とつじょ》、その狙《ねら》いが完璧《かんぺき》に狂《くる》ってしまいましたからね。

「事態の収拾《しゅうしゅう》の遅《おく》れ」を東電《とうでん》の責任にすり替《か》えるずるさ

酒井　あのとき、どうしていました？　何をなさっていたのですか。

海江田万里守護霊　え？　誰が？

酒井　海江田さんは、菅さんを止《と》める側に入っていたのですか。

海江田万里守護霊　まあ、パニックだから、もう、何が何だか、分からなかったけど……。

とにかく、本心を言えば、菅さんに、「全部、東電《とうでん》の責任にしよう」と、責任をすり替《か》える気《き》があったのは事実だね。

酒井　最初から?

海江田万里守護霊　最初からね。もう、あっという間だったよね。だから、「わしが指揮したにもかかわらず、東電が言うことをきかないため、事態が悪くなり、事態の収拾《しゅうしゅう》が遅《おく》れた」みたいに言ってたし、今でも、「東電が悪い」というほうに、全部、持っていってるだろう?

酒井　ええ。

海江田万里守護霊　これは民主党のずるい体質かもしれないけどね。

酒井　あれは、ずるいですよね。

3　「原発」「アベノミクス」についての本音

「本当は原発賛成」という苦しい胸の内

酒井　海江田さんは、原発自体について、どう考えていらっしゃいますか。

海江田万里守護霊　私はねえ。まあ、これは、やっぱり、代表としては非常に厳しいな。ここの喚問《かんもん》は厳しいから、もう。

酒井　ただ、タイタニックになって沈《しず》むのであれば、海江田さんの、政治家としての信念を貫《つらぬ》いたほうがよいと思います。

海江田万里守護霊　いやあ、私は、本当は、原発に反対じゃないのよ。

酒井　賛成ですか。

海江田万里守護霊　うーん。本当は賛成なのよ。だから、苦しいのよ。

酒井　なるほど。

海江田万里守護霊　本当は賛成なんだよ。大川さんの言ってるとおりだよ。間違《まちが》いないな。

酒井　同じですか。

海江田万里守護霊　ええ。推進しなきゃ駄目《だめ》だよ。これだけエネルギーがない国でね。この夏も困ってるんじゃないの?

酒井　困りますよね。

海江田万里守護霊　料金上げはあるし、エネルギー不足でねえ。もう、いろんなところが止まって、停電も起きてるしね。(熱中症《ねっちゅうしょう》で)年寄りはたくさん死んでるし、原発どころじゃないよ。

酒井　原発に賛成なのに、なぜ、民主党の代表をしているのですか。

海江田万里守護霊　経済をやった人だったら、こんなことは分かるよ。もう、みんな知ってるよ。みんな知ってることだ。常識だよ。う-ん。分かってる。分かってる。

「原発推進」と明言できない裏事情

酒井　それでは、賛成すればよいのではないですか。

海江田万里守護霊　いや、賛成したら、党がなくなるじゃないの？

酒井　（笑）

海江田万里守護霊　君らが当選しないのは、ある意味で、安倍《あべ》政権の〝おかげ〟かもしれないからさ。君らの意見は、ほとんど、あそこに取られちゃったから、要《い》らなくなっちゃったんじゃないの？　ねえ？

だから、賛成したら、なくなるんだよ。票がなくなるからさ。（今回の参院選でも）

君らに入ってもいい票が、自民党にたくさん入ったんだろう。

酒井　票を取るために、反対していると？

海江田万里守護霊　まあ、しかたないよ。「野党」っていうのは、そんなものだからさ。（与党《よとう》と）一緒《いっしょ》だったら、もう、すみ分けできないじゃない。

酒井　どうせ、今は、みんな、原発問題から逃《に》げているのですから、それであれば、「私は賛成です」と言えばよいではないですか。

海江田万里守護霊　それを言ったら、もう、私は、安倍政権の環境《かんきょう》大臣か何かに呼ばれちゃいますわねえ。

酒井　自民党に行けばよいのではないですか。

海江田万里守護霊　いや、そういうわけにもいかんでしょう。いちおう、後始末《あとしまつ》しなければいかんからさ。

酒井　民主党の？

海江田万里守護霊　うん。この民主党のな。
あと、さっき言ったように、ちょっと粘《ねば》ってるうちに、何か、条件が変わるかもしらんからさ。

酒井　うーん。

野田《のだ》元首相の本音も「脱《だつ》原発」ではなかった？

海江田万里守護霊　いやあ、原子力は、やっぱり推進しなきゃいけないよ。菅《かん》さんが反対したあと、野田《のだ》さんも「脱《だつ》原発」に全部舵《かじ》を切ったけど、あれは、ええかっこしいだよ。先延ばしだけだ。二〇三〇年ぐらいまで延ばしたら、そのうち、風化するからね。「そうしたら、また考えを変えられる」と思って……。

酒井　実は、みんな、本音ではないと？

海江田万里守護霊　本音じゃないね。いや、菅は分からない。

酒井　菅さんは、そうですね。

海江田万里守護霊　菅は、分からないけど、野田さんは、本音ではないね。「二〇三〇年までには時間があるから、またやれる。ほかのエネルギー開発をやって、うまくいかなければ、戻《もど》せる」ということは考えていただろう。

酒井　民主党にいると、はっきり言って、人格が分裂《ぶんれつ》してくるのではないですか。

海江田万里守護霊　まあ、人格分裂っていうか、もともと、小沢《おざわ》が分裂してるのよ。二大政党なんか、つくろうとするからさ。

そもそも、争点が全部反対になることなんてないんであってね。この国を委《ゆだ》ねられたとき、主要政策が全部反対になるんだったら、政権交代なんか成り立ちませんよ。

酒井　成り立たないですよね。

海江田万里守護霊　ええ。

「アベノミクスは私がやりたかった」と悔《くや》しがる

酒井　海江田さんは、経済にお詳《くわ》しいので、アベノミクスに関しても……。

海江田万里守護霊　そらあ、考えを持ってますよぉ。

酒井　当然、賛成ですよね？

海江田万里守護霊　だから、今回は、本当に苦しい戦いでしたよ。いや、これ（アベノミクス）は面白《おもしろ》いですよ。

酒井　やりたいですよね？　もっと進めなければいけないですよね？

海江田万里守護霊　やりたい。むしろ、私がやりたかったですよ。前任のを引き継《つ》いでなきゃあ、私がやりたかったぐらいですから。

酒井　そうですよね？

海江田万里守護霊　あのー、どちらかといえばね。

酒井　民主党が、あの経済政策をやっていれば、まだ勝てたのではないですか。

海江田万里守護霊　うーん。安倍さんは、経済の説明がほとんどできないからね。専門家じゃないから。

酒井　ええ。

海江田万里守護霊　私にアベノミクスを説明させたら、もっと明快に説明ができちゃう（笑）。

本心と違《ちが》うため「アベノミクス批判」に力が出なかった参院選

酒井　では、アベノミクスの、これからの課題について語ってください。

海江田万里守護霊　まあ、どんどん〝矢〟が放たれつつある。二本目が出て、今、三本目が出ようとしてるから、あとは、成果を見るしかないけども、まあ、国内だけで済まない面があるからね。

酒井　はい。

海江田万里守護霊　海外の状態があるから、どうなるかは分かりませんけど、「私なら、もうちょっと明快に説明ができたなあ」という気持ちはある。安倍さんは、大して説明ができなかったですね。

まあ、私は、立場上、しかたがないから、選挙中、ずーっと、「副作用が大きい」とか、「ジャブジャブにして、どうするんですか！」とか、一生懸命《いっしょうけんめい》、言いました。心ならずも言い続けたけどね。

まあ、共産党みたいに、「毒矢、毒矢」と連呼するほどまではやらなかったにしても、本心と違《ちが》うから、力が出なかった。

酒井　力が出ないですよね。

海江田万里守護霊　出なかったですねえ。
「景気をよくする」っていうのは大事なことですよ。

4 「消費税増税」に対する警告

「日本が国債《こくさい》で破産するわけがない」と断言する理由

酒井　安倍《あべ》政権に関しては、さしあたって大きな問題として、消費税があると思います。この消費税については、どう思われますか。

海江田万里守護霊　消費税のところは大きいねえ。

あのー、「国債《こくさい》（残高）が百兆円も出ているのは問題だ。行政改革をやらなければいかん」と言ったのが、メザシの土光《どこう》さんの、八〇年代の行革（第二次臨時行政調査会）だよね。

それが、今、一千兆円でしょう？　「国が潰《つぶ》れるから」と言って、行革をやってたときが百兆円で、今、その十倍の一千兆円も出て、不思議に、まだ潰れてないんだね。まこと不思議だねえ。ま、このへんは、また別途《べっと》、解明しなきゃいけないと思うけれどもね。

そのあと、誰《だれ》か、ほかの人が言ったように聞いていますけれども、こう、「始末《しまつ》、始末」と言ってですねえ、「江戸《えど》の三大改革風に、質素倹約《しっそけんやく》する」っていう流れができて、マスコミもそれに同調していった。

まあ、別途、リクルート事件とか、（関係者に）訊《き》きゃあいいけども、あのあと、三重野《みえの》さんの日銀の公定歩合《こうていぶあい》引き上げとか、大蔵省の土地融資《ゆうし》総量規制とかがあって、バブル潰しをして、株価をガサッと下げた。そして、二十年間、デフレが続いて、今回のアベノミクスは、そのデフレ脱却《だっきゃく》のための刺激《しげき》として、やってるわけだね。

だから、「この二十年間のロスは、実は、土光臨調あたりから始まってる。これは新説だ」と、誰かが言ってたよね。なんか、おたくの本に、「これ新説です」みたいなのが書いてあったと思うけど（『スピリチュアル政治学要論――佐藤誠三郎《さとうせいざぶろう》・

元東大政治学教授の霊界指南《れいかいしなん》――』〔幸福の科学出版刊〕参照〕、いや、関係あると思う。〔酒井に〕あなた、「百兆円もある。このままでは国が破産するよ」と言ってたのが、今は一千兆円もあるけど、国民の資産が一千五百兆円あるから、破産しないのよ、実際。

経済学者とは言わないかもしらんけど、経済評論家として言うなら、国民が一千五百兆円の財産を持ってて、そのうちの一千兆円をね、まあ、銀行経由も一部あるけども、つまり、銀行が国民から預かった金で買ってる分と、個人が直接買ってる分と、両方を合わせてだけども、国民が国債を一千兆円買っても、一千五百兆円の資産を持ってるなら、破産するわけないじゃん。

経済に関しては、「大川総裁の考えと一緒《いっしょ》」

酒井　もう、本当に、大川総裁の……。

海江田万里守護霊　考えと一緒《いっしょ》でしょう？

酒井　ええ。まったく同じではないですか。

海江田万里守護霊　一緒でしょう？　経済を知ってる人は、みんな、考えが一緒なんですよ。だから、安倍さんの経済顧問《こもん》をしてる、浜田《はまだ》？

酒井　浜田宏一《こういち》さんですか。

海江田万里守護霊　ああ。何だっけ？　イエール大だっけ？　シカゴ大？　イエール大の名誉《めいよ》教授か。

酒井　イェール大ですね。

海江田万里守護霊　あの人も、大川総裁と同じことを言ってるじゃない？　それに、ノーベル経済学賞の人もね。経済を知ってる人は、みんな、考えは一緒よ。そんなのは分かってるのよ。

酒井　大川総裁の本は読まれていますか。

海江田万里守護霊　ええ？　読んでるに決まってるじゃない、そんなの。

酒井　読んでいますか。

海江田万里守護霊　言ってることは、もう、正しいよ。

酒井　正しい?

海江田万里守護霊　正しいよ。経済を、そうとうよく知ってる。私も、経済評論家で飯《めし》が食える、いちおうプロだからね、合ってることぐらいは、すぐ分かるよ。菅《かん》みたいな市民運動家は、全然分かってない。鳩山《はとやま》なんか、何にも分かってない。もう、全然分かってないけどさ。私は分かってるよ。そりゃ、分かってるけどさ。安倍さんは分かってないよ。本当は、安倍さんは分かってなくて、ほかの人の〝あれ〟に乗ってるだけだから。

自民党から出馬できなかったことの悲哀《ひあい》

酒井　あなたが、今、自民党に行ったら、国を救えますよ。

海江田万里守護霊　そりゃあ、もう、駄目《だめ》だよ。「敗軍の将」として〝判子〟を押《お》されてるのに、行けるわけないよ。これを、今、やったら、国盗《くにと》り物語でなく、国売り物語になって、私は、もう〝売国奴《ばいこくど》〟になるから。

酒井　（笑）民主党の人は、みな、そんなことをやっているではないですか。

海江田万里守護霊　いやあ、それは言ったってしょうがないよ。それは言ってもしょうがない。与謝野《よさの》が、あそこ（東京一区）からずっと出てたからね。私の場合、どうしても（自民党の）反対に出るしかなかったからさ。

酒井　そうですね。

海江田万里守護霊　しかたないんだよ、あれは。
自民党で出れないから、しょうがない。だから、民主党に行ったのは、全部、社会党みたいな人ばっかりじゃなかったんだよ。旧社会党みたいな感じではなかったからね。

野田《のだ》首相当時の消費税上げは、「財務省の恩義に報《むく》いるため」

海江田万里守護霊　だからねえ、はっきり言って、「破産するぞ！」っていうのは、財務省の洗脳です。ずーっと洗脳を続けてて、あの大臣をやった人は、みんな、それに乗せられてやってる。

酒井　野田《のだ》さんが洗脳されているのも、「バカだなあ」という感じで見ていたのですか。

海江田万里守護霊　いや、野田さんは、半分、分かってたとは思うけども。

酒井　分かっていたのですか。

海江田万里守護霊　だけど、財務省のおかげで、副大臣をやって、財務大臣をやって、財務省が、「おまえを総理大臣にしてやるぞ」と言ったら、ほかの大臣をしないで総理大臣になれたでしょう？　その恩義に報《むく》いなきゃいけないじゃない？

酒井　はい。

海江田万里守護霊　「その恩義に報いる」っていうのが、あの消費税上げだよ。公約破りというか、マニフェスト破りで、それを言ってのけた。もともと自民党は賛成なんだから、民主党が賛成したら、絶対できるじゃん。どちらが勝とうと、できるに決まってるからさ。

だから、あれは、勝新太郎《かつしんたろう》じゃなくて、勝、何とか……、栄二郎《えいじろう》か。

酒井　栄二郎です。

海江田万里守護霊　まあ、あなたがたに撃《う》ち落とされたかもしらんけどもね（『財務省のスピリチュアル診断《しんだん》』〔幸福実現党刊〕参照）。あの大物次官は〝桜田門外の変〟で敗れたらしいけど、（消費税上げは）あれが、やりたかったことなんだよ。

要するに、手柄《てがら》だよね。消費税上げをやったら、財務次官としては手柄になるからね。

酒井　いや、これは、やはり、政治家の問題点ですね。

海江田万里守護霊　うーん。財務省を握《にぎ》った人が総理大臣になれるようなルートをつくっとりゃ、財務官僚《かんりょう》は、権力を持てるからね。

「消費税増税」は、税収増を目指すアベノミクスのブレーキ

酒井　それで、消費税の話に戻《もど》るのですが、今、電気代がどんどん上がってきているなかで、消費税まで上げるというのは……。

海江田万里守護霊　いや、きついよ。

理論的に言えばね、まあ、家計的に考えれば、「出費が多くて、収入は少ない」っていうのは、あまりいいことじゃないから、収入を増やすように努力しなきゃいけないのは事実だよ。

原則論としては、そのとおりで、税収が増えなきゃいけないんだけども、税収を上げる方法には、幾《いく》つかあるな。まず、収入の総額が増える方向だ。アベノミクスは、基本的に、その方向を目指してつくられてるものだと思うのよね。

浜田さんとか、ああいう経済学者が言ってるのは、「収入の総額を上げたら、税

収も連れて上がりますよ。だから、今、変なことをして、収入が全部上がってくるのにブレーキをかけたら、ガシャッときますよ」ということだね。

一方、税調会長みたいに、「いや、これは、国際公約だから、絶対やらなければいかん」と言う人もおりますけど、これは、考え方の問題です。

まあ、消費税は、国の理論としては、上げたほうがいいとは思う。

「反原発」を主張しつつも、CO_2排出削減《はいしゅつさくげん》には口封《くちふう》じ

海江田万里守護霊　だけど、今、円安になって、（エネルギー資源の）輸入代金が増えてるね。それなのに、また原子力（発電）を全部止めに入ってる。マスコミがワアワア言ったり、国民がデモをしたりして、嫌悪《けんお》感というか、「原爆《げんばく》を落とされた」と思ってるような人が大勢いるからね。
そして、化石燃料？　この前、「CO_2排出削減《はいしゅつさくげん》」って、鳩山が言うとったのよ。世界で一番乗りしてね。

ただ、まあ、CO_2を減らすためだったら、原子力（発電）推進のほうがいいんですよ。だけど、今度、そちらのほうは、誰も言わなくなったじゃない？　もう、口封《くちふう》じでね。

あのとき、大川総裁は、「CO_2なんか（地球温暖化と）関係ない。無視しろ。考えなくていい」と言ってたんですが（『夢のある国へ――幸福維新《いしん》』〔幸福の科学出版刊〕参照）、今は、もう、誰も言わなくなってるね。

酒井　そうですね。

海江田万里守護霊　いつも、こっちのほうが早いんです。

酒井　早いですね。

海江田万里守護霊　化石燃料の天然ガス、石油、石炭は、全部〝CO_2の塊《かたまり》〟じゃないですか。だから、まったく正反対のほうに揺《ゆ》れてるよね。

消費税上げは燃料の輸入代金増とのダブルパンチになる

海江田万里守護霊　しかも、それらの輸入代金が増えて、みんな、値上げでしょう？　それで、貿易も赤字になってるでしょう？　この客観的情勢からいったら、電気料金や、その他の諸コストに、燃料の輸入代金が増えることによる代金の転嫁《てんか》が起きてくるから、これは、消費税を乗せる分と、こちらの分とがダブルで来ることになる。だから、消費税増税のパンチは、実は、ダブルパンチになる可能性がかなり高い。

酒井　電気代だけで、もうすでに消費税一パーセント分ぐらいは上がっているらしいです。

海江田万里守護霊　そうそう。

だから、原発再稼動《かどう》が軌道《きどう》に乗って、エネルギーの低価格・安全・安定供給ができるんだったら、実は、消費税上げの可能性はあるんだけど、エネルギーの安定供給ができずに、電気料金をはじめ、いろんなものの料金が上がってくれば、それだけ、企業《きぎょう》の製造コストが上がりますので、もう経費は増大しますよ。

その分、製品に転嫁するか、利益が減るか、どちらかですね。あるいは、リストラして失業者が増えるかです。必ず、そうなります。電気料金が上がれば、自動車産業など、メーカーのほうは、ほとんど、そうなりますね。

それから、（石油代が上がれば）ガソリンスタンドを経由して、いろんなものに波及《はきゅう》していきます。交通網《もう》から、旅行代金から、いろんなものに全部転嫁されていきますので、実質値上げは、原発を止《と》めたことによって、もうすでに起きてるんですよ。

これで、さらに消費税を上げたら、ダブルインパクトで本当に済むかどうか。消費税は、「五パーセントを八パーセントへ」「八パーセントを十パーセントへ」っていう、三パーセント、二パーセントの二段階上げですけど、こちらのほう（電気料金等）は、けっこう十何パーセントとか上がってきつつあるので、本当の意味で言えば、消費税がいきなり二十パーセントぐらい上がるようなインパクトのある可能性があるんですよ。

これを考えれば、巨大隕石《きょだいいんせき》がいきなりぶつかる感じなので、「せっかく、アベノミクスで経済成長してるところに、〝隕石〟がバーンと当たったら、どうなるか」っていうような感じになるから、実は、極《きわ》めて危ない。

安倍《あべ》政権を潰《つぶ》すつもりなら消費税を上げるべきだ

海江田万里守護霊　消費税上げについて、税調のほうは一生懸命《いっしょうけんめい》やってるし、「去年、三党合意した」とか言って、やってるから、私の表面意識（地上の本人）は、言葉を濁《にご》して、「まあ、三党合意があるから、消費税上げはしかたないかな」みたいな感じで、いちおう舵《かじ》を取るだろうと思うけども、実際は、危ないと思ってます。

酒井　危ないですよね。

海江田万里守護霊　だから、本当は、安倍《あべ》さん以上に、私のほうが危機感は強い。安倍さんはボケッとしてる。

酒井　ずばり、消費税上げは、やっていいのですか。やってはいけないのですか。

海江田万里守護霊　いや、安倍政権の延命を助けることになったら困るから、それは言えない。

酒井　いやいや。日本のためを考えてください。

海江田万里守護霊　安倍政権を潰《つぶ》すつもりだったら、やっぱり、消費税上げをすべきです。

酒井　潰すために？

海江田万里守護霊　ああ、潰すんだったらね。だけど、それに民主党が一枚嚙《か》んで、「賛成した」っていうことだったら、民主党も責任を逃《のが》れられない。自民、民主、公明、三党とも責任から逃れられないので、次は、「この三党には、政権を担当する能力がない」ということになる。

来年の四月以降、自民党も「タイタニック」になる?

酒井　もし、消費税を上げてしまったら、来年の四月以降、日本の経済はどうなりますか。

海江田万里守護霊　いやあ、それは、すごいことが起きると思いますねえ。

酒井　すごいこと?

海江田万里守護霊　まあね。たぶん、急降下だ。

酒井　急降下ですか。

海江田万里守護霊　うん。駆《か》け込《こ》み需要《じゅよう》で、最後、少し買い込みが入るから、それが調整して、来年の春までは、そんなに落ちたように見えないと思うんですけど、それ以降、来年の四六《よんろく》（四～六月）、それから、次の七九《ななきゅう》（七～九月）は、落ち込みがガサーッと来ますわ。

酒井　倒産《とうさん》なども起きますか。

海江田万里守護霊　ん？　いや、次は、自民党が「タイタニック」になる可能性があるので、それで、もし政権交代が起きるんだったら、私は、それを支持しなきゃいけない。だから、実に、複雑。

酒井　（笑）

海江田万里守護霊　だけど、（増税に）賛成してたら、私のほうも責任を取らされるから……。

酒井　では、反対するのですか。

海江田万里守護霊　「公明も、民主も、自民も政権が取れない」となったら、いったいどこが取るの？　「みんな」と「維新」が取るの？　取れないねえ。共産党ですか。共産党政権が、いよいよできるんですか。社民党が復活する？　そんなことは、もう勘弁《かんべん》してくださいよ。

だから、いやあ、あんたがたにとっては、いいシナリオかもしれない。全部、全《ぜん》滅《めつ》してしまったら、「もう、ほかにない」っていうので、もしかしたら、（選挙に）通るかもしれないよ。

酒井　ただ、日本にとっては最悪のケースですよ。

海江田万里守護霊　ああ、最悪よ。最悪だから、「救世主」が必要になってくる。

酒井　いやいや。われわれは、最悪のことを実現しようとはしていませんので。

海江田万里守護霊　いや、私は、失敗するのを知っててもね、まあ、こういう立場に立つと、賛成したり、反対したり、決めなきゃいけなくなるのでね。

酒井　なるほど。

「消費税上げに対する責任から逃《に》げたい」という本音

酒井　今の話を聞いていますと、民主党は、もう、完全に〝タイタニック・サイクル〟に入っていますね。

海江田万里守護霊　うーん。民主党は駄目ですよ。まあ、それは駄目なんだけど。

酒井　消費税上げに賛成してしまったら、もう終わりですよ。

海江田万里守護霊　だけど、安倍さんを道連れにするかどうか、今、腹を決めなきゃいけない。この夏の……。

酒井　では、民主党は、もうなくなるわけですね？

海江田万里守護霊　いやいや。自民党が沈《しず》んだら、（民主党が）なくなるかどうかは分からない。

酒井　ただ、消費税上げに賛成したら、民主党も同じように沈んでいくわけですよ。

海江田万里守護霊　だけど、「主犯は自民党」っていうことになるよね。だから、主犯を自民党にしなきゃいけない（笑）。

もともと、私たちは従犯でね。つまり、民主党に政権を取られた前々回の選挙では、実は自民党が公約として「消費税上げ」を言ってて、民主党は、「四年間、上げません」と言って、政権を取ったわけよ。

だけど、今度、野田さんが「上げる」と言ったら、野田さんが主犯になって、民主党が責任を取らされて、自民党は、「昔、言っただけで、今は、ぼやかしてた」っていうことで、逃れたからね。

まあ、そういうことがあったので、声を小さくしながら、かすかに、賛成票を投じる程度だったら……。

民主党のオーナーを自認する菅《かん》・鳩山《はとやま》両氏には「困っている」

酒井　ただ、民主党の問題点は、やはり、「内部で、いつも喧嘩《けんか》しているような状態だ」ということです。菅《かん》氏だって、離党《りとう》を勧告《かんこく》しているのに、党から出ていかないではないですか。

海江田万里守護霊　だって、「自分らはオーナーだ」と思ってるからねえ。あのー、鳩山《はとやま》にも困ったもんだよ。

酒井　全然、規律が働いていませんね。

海江田万里守護霊　鳩山は、「資本金を出したのは、俺《おれ》だ」と思ってるから、悪さをするし、菅は、「社会民主運動というか、市民運動みたいな乗りで、自民党との差別化をして、左のリベラル派を集めたのは、自分だ」っていう自信を持ってるからさ。野田あたりから、本当の保守系が民主からも出てきたんだけどね。だから、それで、やれなくはなかったはずなんだけどねえ。

5 「日教組《にっきょうそ》」や「自治労《じちろう》」への偽《いつわ》らざる気持ち

国の競争力を落とす「日教組《にっきょうそ》」、経済を破壊《はかい》する「自治労《じちろう》」

石川　民主党の重要な支持基盤《きばん》として、日教組《にっきょうそ》や自治労《じちろう》があると思うのですが。

海江田万里守護霊　うーん。今は、しかたねえから、頭を下げてるんだけど、俺《おれ》、あんなの、本当は嫌《きら》いなんだよ。まあ、「自治労系は、経済を破壊《はかい》する勢力だ」って分かってるよ。そんなこと、説教されなくても、私だって分かってるし、日教組は、働かない教員の組合《くみあい》でしょう？　だから、日本の競争力を落としてるんだよね。
ちょうど、その二十年間の日本停滞《ていたい》期にさ、日教組さんらが、それに呼応するような文部省（当時）の課長さんの寺脇《てらわき》（寺脇研《けん》氏）と共振《きょうしん》・共鳴して、「ゆとり、

ゆとり、ゆとり」と言って、教師にとっても、ゆとりでね。「勉強しなくても、授業はできる。遊んでても（学校に）行ける。学力が下がっても構わない」と。これが会社だったら、「売り上げが下がっても構わない。利益がなくても、赤字が出ても構わない。潰《つぶ》れません」っていうことだよね。これは、もう、国有企業《きぎょう》みたいなもんだ。はっきり言えば、親方日の丸だよな。

だから、私は、本当は反対。基本は反対だけど、立場上は、「応援《おうえん》を受けてる」ということになってるのでね。

日教組《にっきょうそ》出身の輿石東《こしいしあずま》氏は「死に神にしか見えない」

石川　私の伯父《おじ》が、一時期、大分《おおいた》県で教育長を……。

海江田万里守護霊　だから、似てるのよ。おたくと、私の考えは、そんなに変わらないのよ。しょうがないんだけどねえ。もう、ごめんよ。

石川　いえいえ。

海江田万里守護霊　まあ、「ごめん」って言ったらいけない。これは、おたくで流《は》行《や》ってる言葉だ。

酒井・石川　（笑）

石川　それで、私の伯父が教育長を一時期やったときの話ですが、就任した瞬間《しゅんかん》に、賄賂《わいろ》といいますか、食べ物やら商品券やらが山のように送られてきたそうです。廉《れん》直《ちょく》な伯父は、送り返すなりして筋を通したようですが、そのとき、「これほど腐敗《ふはい》している組織は、日本のガンだ」と思ったらしいです。

やはり、日教組《にっきょうそ》が支持基盤になっているのは、民主党にとって、非常によくないことではないかと思うのですが、いかがでしょうか。

海江田万里守護霊　しかたない。旧社会党の遺物だからさ。社民党は、今、残ってるのは五議席でしょう？　もう党がなくなる寸前、解党寸前だからさ。でも、日教組のほうの〝あれ〟なんか、何十万か知らんが、まだ残っとるからさ。

酒井　日教組が支持基盤の輿石東《こしいしあずま》氏とは、本当に意見が合うのですか。

海江田万里守護霊　あっ、もう、「死に神」にしか見えんよ、僕《ぼく》には。

酒井　（笑）

海江田万里守護霊　はっきり言ってね。だけど、まあ、知らん。実力者だからさ。

しょうがないよ、(日教組は)あれの言うことをきくんだからな。

酒井　民主党の今度の幹事長も、日教組の支援を受けている人でしたか。

海江田万里守護霊　うーん。まあ、そちらのほうから来ているからかな?

石川　そうですね。労組《ろうそ》出身です。

海江田万里守護霊　まあ、バランスを取らなければいかんからなあ。俺だけ上滑《うわすべ》りしたらいかんから、そちらのほうを取ってるんだろうけど。

自治労とかも、一生懸命《いっしょうけんめい》、原発反対のデモをやってたでしょう? 彼らは、平日から役所を休んで、旗を持って、霞《かすみ》が関《せき》を歩いてたんじゃないの?

民主党を割って「保守の第二政党」をつくる気はないのか

石川　政界再編もテーマであると思うのですけれども。

海江田万里守護霊　うーん。

石川　日教組や自治労が支持基盤になっていると、やはり、日本維新《いしん》の会とも、みんなの党とも組めないですよね？

海江田万里守護霊　うん。それに、大企業を応援するような政策もつくれない。マルクス主義が入ってるからね。

石川　民主党は、分裂《ぶんれつ》したほうがよいのではないですか。

海江田万里守護霊　いや、分裂したら、もう、なくなるじゃない？　あなた、〝社民党〟をいっぱいつくって、どうするのよ。

石川　いやいや。保守の第二政党をつくったほうが、日本のためになるのではないですか。

海江田万里守護霊　ああ、自民党に枠《わく》があって出られないから、こちらに来てる人たちもいるわけだからさ。

石川　日本維新の会も、みんなの党も、「保守崩《くず》れ」とは言いませんが。

海江田万里守護霊　だけど、何らか、自民党を批判するものを持ってないと、政党が存続できないんだよな。

石川　いや、民主党が分裂して、海江田さんのような保守系の方と、そうでない方とで分かれたほうが、国のためになると思います。

海江田万里守護霊　いやあ、それは、君ぃ、〝悪魔《あくま》の誘惑《ゆうわく》〟を、今、一生懸命やってるんだろうけどさあ。

石川　（苦笑）いえいえ。

海江田万里守護霊　もう、私は、福島瑞穂《ふくしまみずほ》パート2になるな。間違《まちが》いない。「そして誰《だれ》もいなくなった」だよ、これ。「タイタニックは浮上《ふじょう》するか」じゃなくて、「沈《しず》んだままでした」ってなるよな。

酒井　やはり、「考えていること」と「言っていること」とが違っていると、最終的に、政党は滅《ほろ》びていくのではないですか。

海江田万里守護霊　いやあ、安倍《あべ》みたいな、要するに、日本の伝統を背負ってる人はいいんだよ。日本の伝統は、「鳥居《とりい》」だからね。なかが空《から》っぽで、とにかく、通り道だけ。ここを何が通っても構わない。外枠だけあればいい。安倍さんの精神構造は、そうなってるからさ。何でも入るんだよ。

酒井　まあ、安倍さんは、そうですね。

6 「憲法改正」と「外交」に関する立ち位置

「九十六条改正」よりも、条文ごとに議論を詰《つ》めたほうが安全

酒井　あなたに中身があるとしても、あなたを保守と判定する前には、やはり、外交や国防問題について訊《き》かないといけません。

海江田万里守護霊　ああ、困ったねえ。俺《おれ》は、もう辞職するわ、ほんと。

酒井　（笑）（会場笑）

海江田万里守護霊　もう、早く辞《や》めたほうがいいだろう。あの細野《ほその》の野郎《やろう》、逃《に》げや

がってさあ（注。参院選後、細野豪志《ごうし》氏は幹事長を辞任した）。

酒井　外交に入る前に、まず……。

海江田万里守護霊　「四十一や二で、政治生命を失いたくない」っていう……。

酒井　彼は保守なんですか。

海江田万里守護霊　ええ？　分かんねえよ。

酒井　分からないですよね。

海江田万里守護霊　分かんねえよ、あんなの。まだ、何も考えがないんじゃないの？　ほとんど。

酒井　考えがない？　まあ、彼のことはどうでもいいです。まず、最初の関門として、憲法改正については、どう思われますか。

海江田万里守護霊　どの部分だい？

酒井　九条です。まあ、九条の前に、九十六条でもいいですけど。

海江田万里守護霊　うーん、そうだな。まあ、基本的には、大川さんと、ほとんど変わらないんじゃないかなあ、俺の考えは。

酒井　変わらない？

海江田万里守護霊　うーん。たぶんな。九十六条は、まあ、確かに、自民党案がそのまま全部通っちゃうんだったら問題があるかなあ。例えば、いっぺんに、丸ごとセットでバンッと出されて、あっちもこっちも、いっぱい改正点を出されたら、国民は分からないよね。

それで、スッと半分（過半数）で通っちゃったら、ちょっとまずい。もし、国会を通っちゃって、国民投票にかけ、「反対の人は×を付けてください」っていうふうにやったら、たぶん、最高裁のあれ（裁判官の国民審査《しんさ》）と一緒《いっしょ》で、みんな×は付けないよ。

国民は、「国会を通ったんだから、みんなで審議したんだろう」と思って、そのまま通しちゃうだろうけど、自民党案にもかなり問題は多いのでね。

だから、やっぱり、論点ごとに、「この憲法の条文についてはどうか」っていう議論を詰《つ》めてやったほうが安全だと思うけどね。

それと、プライオリティ？　やっぱり優先度はある。つまり、急ぎのものとそうでないものは、やっぱりあるように思うな。
だから、何でもかんでも変えられたら、やっぱり困るなあ。

酒井　そうですね。

海江田万里守護霊　改正はしてもいいけどもね。

九条を改正するには「マスコミの口封《くちふう》じ」が必要

酒井　九条については、どう思われますか。

海江田万里守護霊　九条に関しては、はっきり言って、政治家の怠慢《たいまん》だったんじゃないかねえ。今まで引っ張ったこと自体が怠慢で、マスコミも悪いわな。

だから、本当はマスコミ改革条項《じょうこう》を憲法に入れたほうが面白《おもしろ》いんだけど、それを一生懸命《いっしょうけんめい》、今、楯《たて》にして攻撃《こうげき》してるんだろうね。マスコミに言論の責任を負わそうとしてるので、それで、（マスコミは）「表現の自由に制約がかかるかもしらん」と言って抵抗《ていこう》してる。

でも、あそこ（マスコミ）を口封《くちふう》じしないと、できないんだよなあ、現実上。

酒井　そうすると、大川総裁の「憲法試案」（『新・日本国憲法　試案』〔幸福の科学出版刊〕参照）とそっくりな考えですね。

海江田万里守護霊　いやあ、総裁は頭いいよ。本当にそのとおりだよ。

「新・日本国憲法　試案」の実現は未来の話？

酒井　大川総裁の「憲法試案」は読まれたことがありますか。

海江田万里守護霊　いや、もう、それはまあ……。そんな言いにくいことを、あんまり訊くんでないわ。

酒井　いやいやいや（笑）。民主党はなくなるかもしれませんが、あなたは、まだ政治家として存在するわけですから。

海江田万里守護霊　いやあ、潰《つぶ》れたら、おたくで拾ってくれよ。もう年だから要《い》らんかねえ。

酒井　それは、「来たい」とおっしゃるのなら拒《こば》みませんけれども。

石川　民主党は沈《しず》んでも、海江田万里は浮上《ふじょう》する……。

海江田万里守護霊　港区《みなと》あたりから立候補してやるよ、そのときは。

酒井　ああ、近いですからね。

海江田万里守護霊　ええ。

酒井　それはいいのですが、そうすると、大川総裁の「憲法試案」については、もう全部、受け入れているのですね。

海江田万里守護霊　「試案と同じ」って、ここのか?　いや、それは、未来の話だろうから。

酒井　ただ、その考え方は受け入れていますか。

海江田万里守護霊　あれは、幸福の科学が国教化した場合の憲法だろうが。

酒井　いえいえ。その前です。

海江田万里守護霊　それは、今は無理だよ。今、それが、そのとおり通るわけはないわ。

中国や朝鮮《ちょうせん》半島による「日本占領《せんりょう》」までは望んでいない

酒井　憲法改正については、そのくらいにしますけれども、中国や北朝鮮《きたちょうせん》、韓国《かんこく》との問題については、どう考えておられますか。

海江田万里守護霊　まあ、これには両方ある。つまり、日本経済を大きくするために、中国と、経済的には付き合いを何とか続けたいけど、それが、敵に塩を送るような感じで、あちらの軍事力を強めるようになるんだったら問題だわな。私だって、「日本占領《せんりょう》されたい」なんて思ってはいない。

酒井　そうは思っていらっしゃらないんですね。

海江田万里守護霊　思ってないよ。思ってない、思ってない。

酒井　民主党のほかの人たちは、みんな、そう思っていますよね。

海江田万里守護霊　全然、全然思ってない。民主党には頭が付いてないのよ。

酒井　（笑）

海江田万里守護霊　頭から下しか存在してないよね。

酒井　民主党のせいで、ここまでひどいことになってしまったんですけどね。

海江田万里守護霊　民主党の人間は、首から下しか存在してないから。

酒井　はい。

二〇〇九年「小沢《おざわ》訪中団」の意図

石川　二〇〇九年の衆議院選のあと、海江田さんは、確か、「小沢《おざわ》訪中団」で、一緒に中国へ行かれましたよね。

海江田万里守護霊　いや、私はフカヒレを食いに行っただけであって、そんなのは、もう関係ないんだ。

酒井　そういう……（笑）。

石川　あれには、どんな意図があったのですか。

海江田万里守護霊　ええ？　だから、経済拡大なんかで手柄《てがら》が取れればよかったんだ。まあまあ、貿易額も最大になってきてたから、「もう一段、日中の関係をよくしたら、やれるかな？」っていう感じと、多くの企業《きぎょう》が幻想《げんそう》を抱《いだ》いたように、中国が経済発展した場合のメリットを考えたわけだ。

要するに、今までは賃金が低くて、労働力が安かったために、（中国を）「工場」

として使い、向こうに下請《したう》けさせて日本に輸入したら、日本でつくるより安い物ができた。それを他の外国に日本製として売ったら利益が出て日本は儲《もう》かった。
けれども、向こうの人件費が上がってきて、経済レベルが上がると、今度は、大国なりに、消費が大きくなってくるので、日本のつくる高い物を向こうが買ってくれるようになるし、そうしたサービス業のほうも、そうとう入っていける。経済的には、お互《たが》いにキャッチボールするだけでも大きくなってくる面があるから、まあ、そういうことは考えてはいたね。

「親中・親北朝鮮《きたちょうせん》」的傾向《けいこう》のある海江田氏

石川　お名前も「万里」なので、「親中」をけっこうアピールされているイメージがあります。

海江田万里守護霊　うーん、万里《ばんり》の長城《ちょうじょう》かあ。

石川　ご自分で、そういうことを言われていたように思うのですが。

海江田万里守護霊　うーん、「万里の波濤《はとう》を乗り越《こ》えて伝道する」っていう話もあるらしいぜ。

石川　いえいえ（笑）。

また、確か、二〇〇〇年ぐらいに、朝鮮《ちょうせん》総連（在日本朝鮮人総連合会）の勧《すす》めで、北朝鮮にも訪問されていますよね。

海江田万里守護霊　なんか、君ら……。

石川　「このへんは、単に票を取るためのパフォーマンスで、本心は違《ちが》う」というのであれば、そう言っていただければ結構です。

海江田万里守護霊　いやあ、北朝鮮とだって、パイプが何かなければさ。拉致《らち》問題もあるし、今後のこともあるから、与党《よとう》のほうが駄目《だめ》なら野党のほうでもいいから、何かパイプをつくらなければいけない。そりゃ、「核《かく》ミサイルを撃《う》ち込《こ》まれたときの対応ばかりを考える」という考え方もあるけど、そういうことにならないように、もう少し関係を良好にしておく手もあるからさ。

「外国人参政権」を認めても〝洗脳〟すれば問題ない？

石川　ただ、民主党は、在日朝鮮人などに参政権を与《あた》えようとしたこともありましたよね。

海江田万里守護霊　それは、自分らに票が増えるからね。それだけの話だろう？

石川　ええ。まあ、そうですけど、そういうところが、やはり国民の反感を買ったと思うのです。

海江田万里守護霊　うーん。まあ……。

石川　そのあたりについて、本心では、どう思っていらっしゃるのですか。

海江田万里守護霊　そう言ったってさあ、彼らは税金を払《はら》ってるんだよな。参政権があっても、日本人で税金を払ってないやつは、いっぱいいるんだよ。

石川　それはそうですが、日本に帰化《きか》しない人に参政権を与えるのは、おかしいと思います。

海江田万里守護霊　だけどさ、日本人じゃないのに、税金を払ってる人もいっぱいいるからさあ。

酒井　日本を滅《ほろ》ぼそうとしている人たちに、政治的な権利を与えて……。

海江田万里守護霊　いや、滅ぼそうとしてるかどうかは分からない。

酒井　いや、占領しようとしているんです。

海江田万里守護霊　これは洗脳のかけ方だから、向こうに洗脳されるようでは駄目なんであって……。

酒井　ただ、あなたがたのような……。

海江田万里守護霊　それはマスコミが悪いんだ。

酒井　いや、マスコミだけの問題ではありません。民主党もそうとう悪かったですよ。その「市民」と称《しょう》する人たちは、かなり悪いですから。

海江田万里守護霊　あんたがたの宗教が、彼らを〝洗脳〟すればいいわけだよ。これは取り合いなんだからさ。このへんの外国人参政権のところは、民主党が取らなかったら、創価学会《そうかがっかい》……、じゃない、公明党が取りに入るんでね。

「市民」という言葉を使うのは大衆の心をつかむためか

酒井　ただ、あなたも「市民」という言葉をよく使いますが、「国民」ということを否定しているわけですよね。

海江田万里守護霊　そりゃあ……。

石川　以前、「市民リーグ」という政党の代表をされていましたね。

酒井　やはり、そのへんの流れがあるのでしょうか。

海江田万里守護霊　うーん、まあ、目線をね、やっぱり、こう一般《いっぱん》目線にしないと、われわれは大衆の心をつかめないからね。

酒井　うーん。

石川　ただ、確か、「年収千五百万円は中間層だ」とかいう発言をして、集中砲火《ほうか》を浴びたことがあったと思います。

海江田万里守護霊　千五百万は中間層。それは、ちょっとまずいねえ。それはいかん。「千五百万は中間層……」っていうのは、朝日新聞の話だな。うーん。

7 「河野《こうの》談話」「村山《むらやま》談話」をどう考えるか

「左翼《さよく》ではなく、性格が優《やさ》しいだけ」という自己認識

石川　ところで、今、アメリカに従軍慰安婦《じゅうぐんいあんふ》の像ができたりしていますが、あれは韓国《かんこく》系のアメリカ人が増えているからだと思います。もし、在日朝鮮人《ちょうせんじん》に参政権を与《あた》えたりしたら、日本にも従軍慰安婦の像などができるかもしれませんよ。

海江田万里守護霊　いやあ……。「従軍慰安婦を買って、性病がうつって、兵隊さんがバタバタ死んだ」とかいう噂《うわさ》でも流したらいいんじゃないの?

石川　（苦笑）おっしゃっていることが、よく分からないのですけど。

酒井　あなたは、もともと日本新党でしたよね。あのときに、細川《ほそかわ》さんが、「日本は侵略《しんりゃく》国であった」などと言い始めて、あのあたりから日本はおかしくなっていったわけです。

海江田万里守護霊　細川護熙《もりひろ》？

酒井　やはり、あれが、「村山《むらやま》談話」などにつながっていると思うのです。

海江田万里守護霊　いや、私は別に、左翼《さよく》というわけじゃなくて、性格が優《やさ》しいだけなんだよ。ただ優しいだけなんだ。

「安倍《あべ》・麻生《あそう》＝国家主義者」としたほうが対立軸《じく》としてはよい

酒井　では、「河野《こうの》談話」「村山談話」については、どう思われますか。

海江田万里守護霊　うーん……。

酒井　従軍慰安婦はあったか、なかったか。

海江田万里守護霊　まあ、ああいうのは、やっぱり、その場しのぎだろうね。「自分らの政権のときだけ、うまくいけばいい」という考えだろう、たぶんね。

酒井　日本は侵略したのか、しなかったのか。このあたりは、どう思われます？

海江田万里守護霊　まあ、これは……。うーん、ちょっとねえ……。

私たちの現時点での表面意識的なスタンスとしては、今の安倍《あべ》政権で麻生《あそう》と組んでる、あのあたりを国家主義者のほうへ持っていって、私たちを国家主義者ではないところの市民目線に置いたほうが、対立軸《じく》としてはいいからなあ。

「歴史観をしつこく蒸し返す中韓《ちゅうかん》」は偏執狂《へんしつきょう》？

酒井　それは、政局としてはありえると思いますよ。しかし、「国を守る」という観点から、この「談話」を放っておいてよいのでしょうか。

海江田万里守護霊　まあ、「『中国と仲良くして、政治・経済的に友好を促進《そくしん》する』という意味で、その障害になっていた部分を取りのけようと努力した面もあったのかな」とは思うけどね。

ただ、それを逆利用して、ここまで何度も何度もしつこくするのは、もう人間じゃないわな。こんなにしつこいと、絶対、友達になれないよね。

酒井　向こうには、友達になるつもりなどありませんから。

海江田万里守護霊　何回も何回も何回も、繰《く》り返して言い続けるって……。

酒井　こちらの弱々しいリベラリズムの人たちは、「友達になれる」と思っているのでしょうが、向こうに、そのつもりはないですからね。

海江田万里守護霊　うーん。ここまで蒸し返してくるのは、日本人では、よほど偏《へん》執狂《しつきょう》というか、変な人しかいないからね。

「侵略《しんりゃく》はあった」が民主党代表の立場、「なかった」が本心

酒井　そうすると、今の民主党代表という地位を離《はな》れて、ご自身の歴史観としては、日本による中国侵略《しんりゃく》はあったのでしょうか、なかったのでしょうか。

海江田万里守護霊　まあ、民主党の代表としては、「あった」ということで、本人の本心としては、「なかった」ということで、まあ、中間だ。

酒井　「従軍慰安婦もなかった」と思っておられますか。

海江田万里守護霊　いやあ、よくは分からないけどさ。よく分からないことだけど、「証拠《しょうこ》もないのに、自分でベラベラと認める」っていうのは、まあ、かっこ悪いね。

「大川談話」を政府の立場で出せば非難の集中砲火《ほうか》

酒井　ところで、「大川談話」(『「河野談話」「村山談話」を斬《き》る!』〔幸福の科学出版刊〕参照)は読まれましたか。

海江田万里守護霊　あはっ、有名だよ、今。

酒井　読まれましたか。

海江田万里守護霊　今、有名になってるよね。

酒井　手に取られました?

海江田万里守護霊　いや、ごっついね。

酒井　どう思われますか。

海江田万里守護霊　うんうん、大したもんだ。でも、政権の座にあったら、ああいうことが言えるかどうかは分からないと思うな。今は関係ないから言えてるけど、政権の座にあって、あんなものを出したら、もう、日本中のマスコミや海外のマスコミ、海外の国家から、たぶん、非難の集中砲火《ほうか》だ。

酒井　たとえ非難が集中したとしても、真実は、どちらかなんですよ。

海江田万里守護霊　うーん。

酒井　ただ、ほかの国だったらやりますよ。アメリカだって、自国が非難されたら、それなりに主張するではないですか。

海江田万里守護霊　だから、中国や韓国、北朝鮮、まあ、アメリカも一部入ってくるかもしれないけども、そうした海外の意見や、それを伝えるマスコミの意見としては、「大川談話」をそのまま日本政府が発表したとしたら、ドイツ政府が「ナチスは正しかった」と発表したように見えるだろうと思うよ、たぶん。

酒井　そういうふうに煽《あお》ってくるでしょうね。

海江田万里守護霊　たぶん、そう取るだろうし、煽ってくると思う。「ナチスは正しかった。あの時代にEUと似たものをつくろうとしたんだ」と、たぶん、そういう感じに捉《とら》えて、反発がグワッと来ると思う。

酒井　ただ、その反発を、やはり論駁《ろんばく》しないといけないのではないですか。日本の将来のためにも。

海江田万里守護霊　ああ、だから……。

「従軍慰安婦《じゅうぐんいあんふ》問題」は証明不能で不問にすべきだ

酒井　このままの状態で、はたして憲法を本当に改正できるのでしょうか。また、もし、中国や北朝鮮が侵略してきたときに、本当に国を守れるのでしょうか。

海江田万里守護霊　まあ、だから、「河野談話」が出たときに、「従軍慰安婦《じゅうぐんいあんふ》をやってた」とかいう十八人だったか何だか（実際は十六人）、十何人からの聞き取りによって、「あった」ということにしたんだけど、それも、今、「生き残りは二人しかいない」とか言ってる。

証拠なるものは、その口しかなかったんだし、それも、もうなくなろうとしてる時代だから、もはや、これは不問にしなければいかん時期が来てるわけだね。

酒井　「なかった」という証拠は文章などで遺《のこ》っていますが、「あった」という証拠は、その人たちの証言だけなんですよね。

海江田万里守護霊　いや、「なかった」も「あった」も、昔のことは、もう証明不能なんだよ、実際上な。

「人種差別撤廃《てっぱい》」の大義を掲《かか》げて国際連盟に臨《のぞ》んだ戦前の日本

石川　実際、「大川談話」のなかで、大川総裁は「聖戦《せいせん》」という言葉を使われているのですが、確かに、国際連盟ができるときに、日本は「人種差別をなくす」という条項《じょうこう》を入れようとしていました。

しかし、イギリスなどがこれに反対し、アメリカのウィルソン大統領は議長だったので投票しませんでしたが、「全会一致《いっち》ではないから」という理由で、不成立にしてしまったのですけれども、やはり、「『人種差別撤廃《てっぱい》』という聖戦の大義は日本にあった」と思うのです。

海江田万里守護霊　いやあ、まあ、無理だっただろう。第二次大戦で、そこからアメリカの時代に変わっただろうけど、第一次大戦ぐらいまでは、大英帝国《ていこく》が七つの海を支配してた時代が長かったからね。

だから、侵略と言ったら、もう、イギリスなんかはしまくってますから。世界中、侵略してたわけだから。「強い国は勝ち」ということで、「強い者が正義」という論理が通ってたからね。

それで、「侵略をやった。有色人種への差別がある」みたいなことを言ったら、もう国としてのアイデンティティーがなくなって、「自分らが悪い。海賊《かいぞく》国家、バイキング国家だった」みたいなことを自分で認めるようなことになるから、彼らは、そういうことをしない。

だけど、日本は認めた。ここが違《ちが》いだよね。彼らはしないよ。絶対に認めないからね。

欧米《おうべい》が蓋《ふた》をしている「侵略《しんりゃく》」と「人種差別」の歴史

石川　チャーチルほどの人でも、インドの独立を認めるのを最後まで渋《しぶ》っていて、ガンジーにも非常に反対の立場を取っていました。

海江田万里守護霊　だいたい、「紅茶が欲《ほ》しいからインドを取る」なんて、こんなの、もう目茶苦茶《めちゃくちゃ》な話だからね。

石川　日本が「人種差別を撤廃しよう」という動きを国際的にしていたのは事実であり、フランスなども、それを支持していました。そういった事実を、公平に、歴史教育でも教えたほうがよいのではないかと思います。

海江田万里守護霊　いや、だから、最初の出発点が違う。それは、アメリカの出発点のところまで来るからね。つまり、アフリカの黒人を奴隷《どれい》に引き取ってたわけだ。まあ、リンカンは、南北戦争でほめられてるけどね。南北戦争で、すでに奴隷にしていた黒人を解放した結果、有名な大統領になったけど、そもそも、そんな奴隷制度をつくって、もう百年以上やってたはずだから、奴隷自体は、南北戦争よりも百年以上前から入ってると思う。

それを売ってたのはどこかっていうことだけど、まあ、イギリスを中心としたヨーロッパ諸国が、アフリカをダーッと植民地にしていって、黒人を売り飛ばし、それを労働力として買ってたのがアメリカでしょう?　だから、人間と思ってなかったわけだ。

「人間には神が魂《たましい》を吹《ふ》き込《こ》まれた」っていうことになってるけども、まあ、リビングストン（アフリカ大陸を初めて横断したイギリスの探検家）なんかも、みんな、そうだろうが、「アフリカの黒人は、見たら、もう猿《さる》と変わらん。とても文明人とは思えん」ということで、「魂は入っておらん」というふうな判断だね。彼らの考えでは、魂が入っておらんものは、豚《ぶた》でも牛でも食っていいわけだ。

だから、人間だって、魂が入っておらん者については、基本的人権はないわけよ。「神様がつくられたものでないから」「あれは猿の仲間だから」というふうな感じで、黒人奴隷を売ったんだ。

これを全部謝罪したら、日本の「従軍慰安婦」とか「南京大虐殺《ナンキンだいぎゃくさつ》」とかの比じゃないですよ。そんな話ではなくて、この何百年かの侵略《しんりゃく》の歴史と、人権無視の歴史？　この蓋《ふた》を開けられたら、もう欧米《おうべい》の歴史観は全部崩《くず》れますよ。

「大川談話」は、日本が戦争に負けていなければ正しい？

酒井　そうしますと、先ほどの「大川談話」については、どうやって出すかは別としても、「やはり正しい意見だ」と理解されているわけですね。

海江田万里守護霊　まあ、日本が第二次大戦でアメリカに負けてなければ、もう、そのまま正しいでしょうねえ。でも、負けたからねえ。だから……。

酒井　負けても、正しいものは正しいのではないですか。

海江田万里守護霊　うーん、だけど、歴史は勝った者が書いていくからさ。

酒井　ただ、「何が正しいか」ということを追求しなければいけないのです。

あなた自身は、どう思っておられますか。

海江田万里守護霊　インド人は、百五十年も抵抗《ていこう》運動をやってイギリスに勝てなかったんだけど、日本は一撃《いちげき》でイギリスを倒《たお》してるんだからさ。もう、本当に一撃なんだから。パールハーバーをやった、そのすぐあと、イギリス軍の戦艦《せんかん》を沈《しず》めた。要するに、海軍はやられるし、シンガポールやマレーシアなど、あのへんから全部一掃《いっそう》されるし、インドのなかへも攻《せ》め込んでくるでしょう？　それで、独立運動と呼応してやられる。

あれは大きかった。結局、あれが、イギリスが植民地を失っていく始まりになったわな。

ただ、結局、本《もと》を正せば、「アジア人もレベルが低いし、アフリカ人もレベルが低い」っていう考えだよな。

アメリカは帝国主義化するのが遅《おそ》かった。だから、あまり植民地を持ってなかったし、それはできなかったんだけど、黒人差別の長く沈殿《ちんでん》した部分があったわな。まあ、そのへんが、ちょっと……。

酒井　そうすると、大川総裁の歴史観と、あまり変わらないのではありませんか。

海江田万里守護霊　ええ。まあ、この人は、いつも正しいのよ。それは分かってるんだけど、それと、「政治家として票を取って、生き残れるかどうか」という大事なこととは、関係が……。

もしも、鳩山由紀夫《はとやまゆきお》氏の代わりに総理をやっていたならば

酒井　いや、あなたの生き残り戦略とは別に、やはり、「海江田万里という人は、どういう人間だったのか」ということが歴史に残りますから。

海江田万里守護霊　いやあ、だからね、順番さえ違えば、私にだって総理になれた可能性はあるんだからさ。

酒井　はい。

海江田万里守護霊　まあ、大臣は、ちょっとは、やったから。

酒井　民主党で総理をやらなくてよかったですね。

海江田万里守護霊　いやあ、でも、鳩山《はとやま》さんの代わりに、もし私が（総理に）なってたら、あそこまでひどくなかったかもしれない。

酒井　いや、かなりひどいと思いますよ。

海江田万里守護霊　ひどいですか。

酒井　ええ。

海江田万里守護霊　そうか。

酒井　意見の違う人たちを、どうやって……。

海江田万里守護霊　まあ、そうだね。バラバラだからね。小沢《おざわ》さんなんかも力を持ってたからね。あんなになっちゃって……。

酒井　あなたは……。

海江田万里守護霊　あれは、もう店をたたんだほうがいいわね。あれは、本当に「劇団ひとり」だもんねえ、はっきり言って。

酒井　（笑）そうですね。もう、今回の参院選では、当選者が一人もいないぐらいの党ですけどね。

海江田万里守護霊　うーん。栄枯盛衰《えいこせいすい》があるのよ。

酒井　なるほど。分かりました。

8 「国防強化」をめぐる持論

安倍《あべ》内閣に「靖国参拝《やすくにさんぱい》反対」を突《つ》きつけた新宗連《しんしゅうれん》の〝踏《ふ》み絵〟

酒井　それでは、また少し話は変わりますが、今、新宗連《しんしゅうれん》（新日本宗教団体連合会）が、安倍《あべ》総理や各閣僚《かくりょう》に対し、靖国《やすくに》神社への参拝自粛《さんぱいじしゅく》を申し入れています。

海江田万里守護霊　ああ、やってるね。うん。

酒井　これについては、どう思われますか。

海江田万里守護霊　まあ、〝踏《ふ》み絵〟だよね。あれ、〝踏み絵〟なんだよなあ。本当に困ったね。あれで、新宗連は「靖国反対」だろう？　でも、公明党だって反対なんだろうと思うからさ。賛成してるのは、日本遺族会、それから、やっぱり神道《しんとう》系だよな。神社や神道系の団体は、「（参拝）すべきだ」っていう、あれでしょう？

酒井　はい。

海江田万里守護霊　アメリカを中心とする歴史をつくってきた、あるいは、書いてきた人たちは、「先の日本の『国家神道を中心にした戦い』は、非常に狂気《きょうき》を帯びたカルト宗教を中心とする、ファナティック（狂信的）に国民を巻き込《こ》むような運動だった。そういう意味で、ファシズム化と同一視されるようなものだった」という歴史観に、どうしてもしておきたいからね。

それで、神道を中心とする行動に対しては、いまだにNGを出し続けないといかんことになっている。だから、「神道に反対することが〝平和主義〟になる」みたいな言い方をするので、まあ、そういうセレモニーをやるときに反対するわけだ。結果的には、そういうものがあるから、中国や韓国《かんこく》や北朝鮮《きたちょうせん》も、やっぱり、「自分たちに呼応するものが日本国内にもある」っていうことになるし、それにまたマスコミも同調するからね。

今年は「伊勢《いせ》・出雲《いずも》の遷宮《せんぐう》」で日本神道《しんとう》の〝鼻息〟が荒《あら》い？

海江田万里守護霊　新宗連のなかには、立正佼成会《りっしょうこうせいかい》も、PL（教団）も、ちゃんと入ってたね。PLは、最近、何かのときに出てきたんだろう？

酒井　はい。

海江田万里守護霊　おたくが「新潮社《しんちょう》の悪魔《あくま》」か何かをやってるときに、PLとのかかわりの話が出てきたようだけど、あれは、（幸福の科学と）競争をしてるんだよ（同社の元編集者・齋藤十一《さいとうじゅういち》の霊言《れいげん》収録時の話。『「仏説《ぶっせつ》・降魔経《ごうまきょう》」現象編――「新潮の悪魔」をパトリオットする』〔幸福の科学出版刊〕参照）。

つまり、政治で、政党が〝敵味方〟に分かれて票の取り合いをするみたいなのと一緒《いっしょ》で、宗教も、信者の取り合いをけっこうやってるんだ。

それで、衰退《すいたい》してきてるところは怒《おこ》って、何とかして巻き返しに入ってるわけだけど、「今は、国家主義的な宗教のほうが伸《の》びているのではないか」っていう恐《おそ》れを持ってるわけよ。

今年は、伊勢神宮《いせじんぐう》の二十年に一度の式年遷宮《しきねんせんぐう》と、出雲大社《いずもたいしゃ》の六十年ぶりの遷宮とで、何だか神道《しんとう》の〝鼻息〟が荒《あら》いよね。

それと、安倍政権が誕生したけど、あれも、どうせ神道系だろうし、幸福の科学も、やや、「ウルトラ右翼《うよく》」とも見えかねないようなことも言ってるしね。

まあ、そのへんと、ちょっと戦ってるようなところが……。

「半透明《はんとうめい》のクラゲ」のように薄《うす》く広い信仰《しんこう》

酒井　あなたは、信仰《しんこう》を持っていらっしゃる?

海江田万里守護霊　うーん、私の信仰はねえ、あまり明確なものじゃなくて、まあ、はっきり言えば薄《うす》いけど、いろんなものを(笑)持ってはいるかもしれない。

酒井　例えば、どういうものですか。

海江田万里守護霊　いや、神道だって、ないわけじゃないし、仏教だって、全然ないわけじゃないし、キリスト教だって、全然分からないわけではない。まあ、薄いかもしらんけど、「半透明《はんとうめい》のクラゲ」ぐらいの信仰かもしれない。

「切れがよくてかっこいい」と一目《いちもく》置いている人物とは

酒井　幸福の科学のことを、どう思われますか。

海江田万里守護霊　うーん、まあ、言いにくいけど、かっこいいなあ。

酒井　かっこいい？　どういうところが？

海江田万里守護霊　大川隆法はかっこいいよ。やっぱり、うーん。かっこいいわ。切れがいいよな。

酒井　切れがいい？

海江田万里守護霊　切れがいいなあ。頭いいよなあ。俺《おれ》も、十分に頭がいいと思うんだけどさ。十分に頭がいいとは思ってるんだけど、「さすがに勝てないなあ」と思う一人ではある。その認識力と、パースペクティブ（見通し）っていうか、視野の広さはすごいよな。

裏では「霊言《れいげん》」の正しさを認めている知識人たち

酒井　今、出ている霊言《れいげん》をどう思われますか。

海江田万里守護霊　「霊言」っていうもので政治が動くかどうかは、まあ、微妙《びみょう》だけど、私たちの分からんような兵法で、ジワジワといろんなものが揺《ゆ》さぶられてることは事実だよな。

酒井　それは今、守護霊であるあなたがしゃべっていることなので、霊言の真実性について、地上の海江田氏は、表面意識でどう思われているのでしょうか。

海江田万里守護霊　表面意識では、そら、まあ、訊《き》かれる場によるよな。例えば、テレビ局なんかで、まともに訊かれたら、「いや、そんなものは、科学的には、まだ何とも判断がつかないものですから」と言うだろうね。うん。ほとんどの知識人たちは、そうなんじゃないの？

でも、いちおう、表向きはそう言っても、裏では全然違《ちが》うから。

酒井　なるほど。

海江田万里守護霊　渡部昇一《わたなべしょういち》さんのように、あんたがたの〝ファンクラブ〟みたいな人でもさ、そう訊かれたら、表向きは、「いやあ、『潜在意識《せんざい》』っていうのはあるかもしれないけど、霊のところは、まあ、科学的にはよく分からん」ぐらいのことは、どうせ言うだろうからさ。

酒井　あなたの本音は、どうなんでしょうね。

海江田万里守護霊　本音？　本音はねえ、正しいんじゃないの？　まあ（笑）。

酒井　「正しい」と思っていらっしゃる？

海江田万里守護霊　ああ、おそらくね。

酒井　ご本人は、当会の情報収集をかなりされているのでしょうか。

海江田万里守護霊　うーん。まあ、いろんな情報が発信されてるからね。宗教のことだけでなくて、政治や経済や法律、それから教育とか、いろんなものがあるじゃないですか。

だから、情報は、いろんなかたちで入ってきますよ。現実にはね。

「集団的自衛権」への反対者をこき下ろす

石川　ちなみに、「集団的自衛権」については、どのように考えていますか。

海江田万里守護霊　いやあ、きついなあ。だから、その、公的立場があるからさあ。いやあ……。

酒井　今回、「後悔《こうかい》は海よりも深く」という題名が付いているので、この際、率直《そっちょく》にお話しいただいたほうが……。

海江田万里守護霊　ああ、私は、もう……、泣いて泣いてしなきゃいけない。

石川　いや、二〇〇九年の時点で、私は、「おかしい」と思ったのです。民主党は、「緊密《きんみつ》で対等な日米関係を築く」と謳《うた》っていたのに、「同盟国のアメリカが攻撃《こうげき》されても、日本は攻撃しない」というのでは、真に「対等」とは言えないのではないでしょうか。

海江田万里守護霊　（舌打ち）いやあ、「国会で長々とやっても決着がつかない」みたいなのは、あまりよろしくない。安倍さんが腹をくくるべきだと思うよ。せっかく巨大与党《きょだいよとう》になったんだから、腹をくくって、「集団的自衛権」を通しちゃったらいいよ。

ただ、民主党は反対するけどね。バックに反対するものがたくさん付いてるから、当然、反対はします。

石川　安倍首相は、内閣法制局のトップを、「集団的自衛権」の行使容認に前向きな人物に入れ替《か》える動きを進めようとしていると思いますが……（注。本霊言の数日後には長官が交代）。

海江田万里守護霊　民主党の圧力団体は、みんな、こんなのに反対で、「『集団的自衛権』を認めたら、平和に反する」って思ってるようだけど、まあ、アホだから、本当にどうしようもないんだよ。説明しても、もう、分からないんだよ。

一緒に戦ってる友軍が攻撃されたら、それを助けないわけにいかないぐらいのことは、当たり前なんだけど、どれだけ言っても分からんので、もう、しょうがないんだよ。うーん。

「国防強化」に対する本音と建前《たてまえ》のギャップの大きさ

石川 「国防の強化」については、どう思われますか。民主党のマニフェストを見ると、相変わらず、バラマキ政策がたくさん並んでいて（笑）、パッと見た感じでは、防衛力強化のための条項《じょうこう》は見当たらなかった気がするのですが。

海江田万里守護霊 民主党としては、「石油等を運んでくるときに襲《おそ》われるのを護衛しなければいけない」という程度の理由なら、まあ、少しは言えると思うけども。一般論《いっぱんろん》的に、公式に、「国防の強化」みたいなことを表立って言ったら、たぶん、本当に〝海底の藻屑《もくず》〟となるだろうね。

石川 民主党がここまで国民の信頼《しんらい》を失墜《しっつい》した原因は、建前《たてまえ》だけでマニフェストを固めた結果、言っていることと、実際に行ったことの開きがあまりにも大きかったからではないでしょうか。

海江田万里守護霊　まあ、「建前」って言うか、あちこちの圧力団体が「こうしろ!」って言ってくるわけよ。本心では自分らの考えと違ったとしても、圧力団体がそう言えば、それを入れなきゃいけないのでね。

石川　いや、ただ、普天間《ふてんま》飛行場の移設問題でも、鳩山《はとやま》さんが、「もう、絶対県外移転をやります」と言ったと思ったら、実際には、「やっぱり抑止力《よくしりょく》の観点から難しい」と言って引っ繰《く》り返したので、沖縄《おきなわ》の人たちは、より以上に怒《いか》りまくって、民主党の支持がなくなってしまったと思うのですが。

海江田万里守護霊　いやあ……。

石川　できないことを、あまりやらないほうがよいのではないでしょうか。

海江田万里守護霊　彼（鳩山由紀夫《ゆきお》氏）の言うように、アジアが「友愛の海」になってておればね、別に、アメリカ軍基地なんか、なくても構わないんだろうけど、そう簡単にはならないところがつらいというかな。習近平《しゅうきんぺい》体制になってからは、誰《だれ》が見ても、どう見ても、以前より侵略性《しんりゃくせい》が高まってきているのは明らかですよ。

そういう意味では、今、アメリカを手放したら、本当に大変なことになるのは分かってるよね。手放すなら、日本が自立するかたちで国防力を高めなきゃいけないんだろうけど、この世論《せろん》がつくれないんだよな。

実は「民主党のお面」を皮一枚だけかぶった隠《かく》れ保守？

酒井　ことごとく、民主党の主張と反対ですね。自民党のなかで、むしろ、あなたは……。

海江田万里守護霊　だから、私はもう駄目《だめ》なの。「民主党のお面」を皮一枚かぶってるだけだよ。

酒井　自民党のなかのほうが、あなたよりも、もっとリベラルの人はいると思うんですよね。

海江田万里守護霊　ああ、いるね。あちらには、もっとリベラルがたくさんいますよ。

だけど、（民主党から出馬したのは）たまたまの経緯《けいい》なんだよ。「立候補できたかどうか」っていう経緯によるものなのでね。

酒井　選挙区を変えたほうがよいのではありませんか。

海江田万里守護霊　うん。まあ、そう言ったって、ある程度はしょうがないじゃないの。

9 「民主党の行く末」を語る

かつての民主党支持層は今どこに？

酒井　今後、民主党以外の野党も含《ふく》めて、政界はどうなっていくのでしょうか。民主党の支持層は、いったいどこへ行ってしまったのですかね。

海江田万里守護霊　うーん、まあ……、雲散霧消《うんさんむしょう》だろうね。もう、このままではねえ。ああ……。

酒井　（笑）かつての民主党支持層は、今、どこの政党を応援《おうえん》しているのですか。

海江田万里守護霊　うーん、まあ……。

酒井　自民党に戻《もど》ったのですか。

海江田万里守護霊　いや、ないんじゃないですかねえ。

酒井　ない？　支持層は、もう……。

海江田万里守護霊　うーん。もうない。

石川　たぶん、電力関係の組合《くみあい》は、もう離《はな》れていますよね？　菅直人《かんなおと》元首相が「原発大反対」というような方針を打ち出しましたので。

海江田万里守護霊　うーん……、まあ……。うーん……、厳しいねえ。

民主党っていうのは、まあ、基本的には、「叶《かな》わぬときの神頼《かみだの》み」のおねだり政党だからね。働かんでも給料が欲《ほ》しい人たちの集まりに支えられてる政党だからさ、基本的には「資本主義の原理」に反するのよ。基本的にはね。だから、どこからともなく金が降ってくる政党でなきゃ駄目《だめ》なんだよ。

「麻生《あそう》氏の失言」による自民党の自滅《じめつ》に期待

酒井　実は、二〇〇九年当時、「すでに自民党が崩壊《ほうかい》している」という状況《じょうきょう》で、「民主党が勝った」という構図があるわけですよね。そして、今、その民主党も崩壊し始めています。

一方、自民党は、はっきり言えば、もう、〝砂上《さじょう》の楼閣《ろうかく》〟であるわけです。

今後、いったい、どうなるのでしょうか。

海江田万里守護霊　「麻生《あそう》が（自民党政権を）潰《つぶ》してくれるのではないか」と思って、今、期待してるんだよ。

酒井　憲法改正に絡《から》んだナチス発言問題などで？

海江田万里守護霊　期待してるんだよ。

酒井　もっと失言を引き出しますか。

海江田万里守護霊　この前、（自民党政権を）潰したのは麻生でしょう？

酒井　はい。

海江田万里守護霊　また、もう一回、あれで潰してくれる。

酒井　自民党は潰れますか。

海江田万里守護霊　「もう一回、潰してくれるんじゃないか」と思って……。

酒井　では、あなたが自民党を攻撃《こうげき》するのであれば、麻生副総理を攻撃する？

海江田万里守護霊　うん。だから、（麻生）財務大臣では具合が悪かったら、外務大臣をやってくれてもいいと思うよ。まあ、失言の連続になって……。

酒井　とにかく、「麻生副総理がいれば攻撃できる」という感じですか。

海江田万里守護霊　ただただ、麻生さんが潰してくれるのを待ってるのよ。（民主党が）完全に沈《しず》む前に、麻生さんが〝魚雷《ぎょらい》〟となって、自民党を沈めてくれることを期待してるのよ。

酒井　それについては、やはりマスコミもそう思っているのでしょうか。

海江田万里守護霊　うーん、まあ、面白《おもしろ》いだろうね。

酒井　「面白い」と？

海江田万里守護霊　それは、麻生の失言を待ってると思うね。

酒井　ただ、麻生さんの失言だけでは、自民党は滅《ほろ》びないと思うのですが。

安倍《あべ》首相は「靖国《やすくに》」と「消費税」の問題を乗り切れるか

酒井　あとは何かありますか。

海江田万里守護霊　まあ、靖国《やすくに》問題は、もう近すぎてあれになるけども、靖国参拝《さんぱい》など、外交問題の処理と、消費税のところが秋の政局になる。それは、天照《あまてらす》さんの言われてるように（『天照大神《おおみかみ》の未来記』〔幸福の科学出版刊〕参照）、ぶつかる可能性があるけども、安倍《あべ》さんがこれを乗り切れるかどうか。

それを乗り切るための一つの条件は、やっぱり、経済が好調を続けることだろうね。それが好調でなくなった場合には、危険度が増すだろう。

酒井　その場合、自民党は、政権をそのまま維持《いじ》していくことができるのでしょうか。

海江田万里守護霊　うん。まあ、今の支持率から見れば、「数カ月ですぐに潰れるほどではない」と思うけどもね。

政権が窮地《きゅうち》に陥《おちい》ったときに「守護政党」が現れる？

酒井　では、窮地《きゅうち》に陥《おちい》ったときには……。

海江田万里守護霊　うーん……。窮地に陥ったら、幸福の科学が、何かまた発言するんじゃないの？

酒井　（笑）そうすると、幸福実現党がキーを握《にぎ》っているのですか。

海江田万里守護霊　いや、これは、幽霊《ゆうれい》政党というか、〝ガーディアンスピリット〟

（守護霊）なんだねえ。

幸福実現党っていうのは、「守護政党」と呼ばれてるんだよ。つまり、守護霊と一緒《いっしょ》で、姿は見えないけど、〝ささやき〟が聞こえるのよ。

酒井　あなたにも聞こえますか。

海江田万里守護霊　そうらしいのでね。まあねえ。

うーん……。まあ、民主党もよく耐《た》えたよなあ、おたくの批判に。

「憲法改正」「消費増税」は歴代内閣が潰《つぶ》れたほどの難題

酒井　それでは、あなたが想像するに、「これからの政界」はどうなりますか。今までのお話を伺《うかが》っているかぎりでは、当会ともかなり考え方が近いと思われますので。

海江田万里守護霊　うーん……、もう、年が六十四になったから、「今、党首になって、政権取りができなかったら、私も仕事がなくなるだろう。小沢《おざわ》の年まで粘《ねば》って、人気を落とすのは嫌《いや》だ」っていう感じはする。もう、誰《だれ》かに渡《わた》してやろうと思ってるんだけどな。

酒井　いや、民主党のことは結構ですが、政界全体としては、どうなるとお考えですか。

海江田万里守護霊　全体？

酒井　はい。

海江田万里守護霊　安倍さんは、「憲法改正」で名前を遺《のこ》したいところだろう。ただ、「憲法改正」や「消費税上げ」をやろうとして、もう何回も内閣が潰《つぶ》れてるからなあ。

今、「国防強化」をやって、また「教育」のところにも手を出そうとして、いろんなことをやってるから、まあ、「欲を出しすぎて自滅《じめつ》するかどうか」というところはあるよな。

「民主・維新《いしん》の連携《れんけい》」の前には問題山積

酒井　野党の再編などはないでしょうか。

海江田万里守護霊　これがねえ、本当に困ってしまったが、もう、野党が骨抜《ほねぬ》きになっちゃったんだよなあ。

石川　確か、維新《いしん》の橋下《はしもと》さんなどは、「民主と手を組むことも考える」というようなことを言っていましたが……。

海江田万里守護霊　うーん、そうは言っても、難しかろうなあ。あそこも、大阪府《おおさか》や大阪市の職員を削《けず》って、財政健全化をやってるところだからな。まあ……、うち（民主党）にくっついてる〝カキ殻《がら》〟も、なかなかすごいからねえ。これを削るような感じで、あちらを登場させるのは、そう簡単なことではないね。うーん……。

バラマキ政策連発の「民主党マニフェスト」に対する本音

石川　それから、民主党のマニフェストどおりのことを実行すると、財政赤字がどんどん膨《ふく》らむ方向になると思うのですが、これは、海江田さんの考えと合っているのですか。

海江田万里守護霊　うーん……。

石川　マニフェストを読めば、「年金をもっと出して、教育もどんどん無料化したいから、増税したい」といった意図を感じるのですが、これは、海江田さんの本心と合っているのでしょうか。

海江田万里守護霊　いや、まあ……。だから、要するに、表向きは、大企業《きぎょう》と大金持ちのところに増税のしわ寄せが行くかたちになってるよ。

大企業では会社が（税金を）払《はら》ってるのであって、個人レベルのサラリーマンには自覚があまりないからね。まあ、経営層にはあるよ。経営層にはあるけど、サラリーマンにはその自覚がないので、会社が法人税を取られてることなんて、あまり考えていないだろうけどもね。

大企業と大金持ちから金を取っても、票数の減り方は少ない。福祉《ふくし》系に（金を）撒《ま》けば、票は増える。これは、まあ、一つの理屈《りくつ》としては、はっきりしていることだよ。

「公務員改革」を掲《かか》げる　みんなの党との連携《れんけい》は？

石川　例えば、みんなの党などは、おそらく、公務員改革で、地方公務員等の給料をカットしたいと考えているでしょうが、民主党としては、それを受け入れられないと思います。

ただ、海江田さん個人の考えとしては、どうなのでしょう？

海江田万里守護霊　まあ、公務員の（給与《きゅうよ》の）平均が民間の一・五倍もあるんでしょう？

石川　ええ。よく、「市営バスの運転手の給料が非常に高い」といった問題が取り沙汰《ざた》されています。

海江田万里守護霊　まあ、ときどきねえ、「清掃員《せいそういん》のおばちゃんだか、おじさんだかの退職金が三千万円も出た」とか、（マスコミに）載《の》せられては、突如《とつじょ》、締《し》め上げられたりすることもあるけどね。

まあ、昔は民間のほうが高かった。好景気のときはね。だけど、今は、公務員のほうが高くなっちゃって、公務員志望者も増えてきている。

法律があるから、クビを切りにくいんだよな。経営で判断してやるんじゃなくて、法律でいろんなものが決まってるから、できないんだよな。でも、経済の変動に対応するには、法律っていうのはあまり合わないね。

日教組《にっきょうそ》や自治労《じちろう》等の圧力団体とは決別できるのか

石川　もし、自民党の対抗《たいこう》勢力ができるとしたら、維新と、みんなの党と、民主党の一部が組むというパターンが想定されますが。

海江田万里守護霊　「そんな公務員改革案のところと組めるかどうか」っていえばさあ……。

石川　「ある程度、日教組《にっきょうそ》や自治労《じちろう》などを切れるかどうか」というところ次第《しだい》だと思いますが。

海江田万里守護霊　うーん、厳しいねえ。

石川　そういう意志はない？

海江田万里守護霊　厳しいねえ。やっぱり……。

石川　それは、党首としては「厳しい」ということですか。本心は違《ちが》う？

海江田万里守護霊　それをすると、圧力団体のところを全部逃《のが》すからね。うーん……。

郵便局（郵政民営化）のときだって、あんなに大変だったからね。強いときの自民党なんかは郵便局長でも敵に回せたけど、それでも、けっこう頑張《がんば》ってたからね。あんなのでも頑張るぐらいですから。

タイタニックのように沈《しず》みゆく民主党には打つ手なし？

石川　ただ、今のまま行っても、もうタイタニックのように、本当に沈《しず》んでいくだけだと思うのですが、「もう、それでもしかたがない」と？

海江田万里守護霊　（舌打ち）うん。まあ、手はないね。もう、はっきり言って、ほとんど手はないわ。

だから、もう、「安倍さんに、どこまでやらせるか」っていうことだけだな。でも、いずれは行き詰《づ》まるから、どこまで行くかっていうことだな。

石川　では、本格的な政界再編のアイデア等が特にあるわけではなく、政策ごとに、パーシャル（部分的）で、やることをやると？

海江田万里守護霊　いや、というか、私はもう、本当は党首をやってる立場にないんですよ。本当は替《か》わってほしいんですけど、みんな、逃《に》げるからさ。

酒井　もし、これから三年間、本当に選挙がなかったとしたら、民主党はどうなりますか。

海江田万里守護霊　うーん、選挙がなけりゃ、〝脱藩者《だっぱんしゃ》〟を除けば議席数は減らないですから、ある程度の存在感はあるんじゃないでしょうか。

酒井　ああ、なるほど。

海江田万里守護霊　まあ、反対してりゃあいいんでしょう?

石川　それで、「自民党の失策を待つ」と?

海江田万里守護霊　うーん、反対してりゃ……。

酒井　では、次の選挙をされるほうが怖《こわ》いわけですね?

海江田万里守護霊　うーん……。選挙をやっても、勝つ見込《みこ》みがないよね、今はねえ。

酒井　次の選挙をやったら、本当に、〝沈没《ちんぼつ》〟してしまう?

海江田万里守護霊　うん。選挙をやっても、また、「原発反対」と「軍事強化反対」の論陣《ろんじん》を張るぐらいしかないんだけど、実際に、中国の船はどんどん領海侵犯《しんぱん》してるんでしょう？
これはもう、売国奴《ばいこくど》じゃないですか。分かってるよ。

酒井　ご自身で、やはり、「自分は売国奴だ」と思いますか。

海江田万里守護霊　ええ。これは、完全に売国奴になりますよ。こんな……。

酒井　そう思うならば、今、後悔《こうかい》の弁を述べてくださいよ。

海江田万里守護霊　本当にねえ、「後悔は海よりも深く」……。
後悔《こうかい》があるとすれば「政治家としての弱さ」

酒井　なぜ、あなたは、いつも組む人が悪いのですかね。

海江田万里守護霊　私はね、性格的に、ちょっと弱いところがあるんですよ。

酒井　弱い？　「強い人」に弱いのですか。

海江田万里守護霊　うーん。人は好《い》いんだけどね。

酒井　はい。いかにも「いい人」のような感じはしますね。

海江田万里守護霊　人は好いんだけどね。私はねえ、あんまりエゴイストじゃないんですよ。私欲《しよく》が強くないので、ガリガリッと行かないんですよ。

小沢並みに「悪人」で徹底《てってい》していれば、また、それなりにいいんですけどね。

まあ、何というか、鳩山《はとやま》の兄ほど能天気な人の好《よ》さではないんです。あれほど世の中から浮《う》いてしまってるような頭の悪さではなくて、もう少しちゃんと実体経済が分かってるんですけどね。

酒井　では、後悔《こうかい》があるとすれば、「自分の弱さ」の部分ですか。

海江田万里守護霊　弱さですね。

酒井　しかし、政治家が弱いのは、やはりまずいですね。

海江田万里守護霊　うーん……。弱いねえ。まあ、「政治」というより、「経済」のほうにも行くから……。

酒井　評論家のままのほうがよかったのですか。

海江田万里守護霊　経済のほうへ行く場合には、庶民《しょみん》目線で、みんなの財布《さいふ》の中身とか、暮らしとかのほうに気持ちが行くから、やっぱり、どうしても、「暮らし向きがよくなるには、どうするべきか」のほうに行っちゃうのでね。

だから、マクロの政治のほうで、統制なり予算を考えたりするよりも、まあ、どっちかといえば、「みんなの財布、生活や家計が楽になるかどうか」みたいなほうに目は行っちゃう。

酒井　それでは、政治家には向いていないですね。

海江田万里守護霊　いや、いや、一部の補完勢力になるとは思いますがね。

酒井　うーん。
今、あえて「民主党代表選」を実施《じっし》しない理由は？

海江田万里守護霊　ただ、これでトップまで行くと、市民運動家の菅さんが総理になって破滅したのと同じような現象が起きる可能性は高いですね。

酒井　なるほど。今のご自身を、そう見ておられるわけですね。

海江田万里守護霊　だから、マクロのガバナンス（統治）っていうか、統治の立場に立つには、気が弱くて、個々の「家計」とか、「暮らし向き」とか、人の顔とかのほうに目が行く癖《くせ》があるんだよ。

酒井　なるほど。

石川　ちなみに、細野《ほその》さんのグループは、例えば、民主党代表選の実施《じっし》を要求していましたが、海江田さんが党代表を続けるにしても、代表選をやって再任されるほうが、求心力はあるかと思います。

海江田万里守護霊　うん。

石川　しかし、今のところ、代表選はしないようですが、これは、どういうご意図ですか。

海江田万里守護霊　うーん、まあ……、何て言うの？　みんなねえ、お葬式《そうしき》の喪主《もしゅ》って、そんなにしたくないからね。あまりしたいもんじゃないですよね。自分らで、自分らの党の〝葬式〟を挙げるっていうのは。そのときの代表になるのも、やっぱり嫌だよね。やりたくはないよね。

10　日本と中国の「未来」を占《うらな》う

「道教《どうきょう》」「暦学《れきがく》」「易経《えききょう》」などに造詣《ぞうけい》が深い海江田氏

石川　政治家になったきっかけについてお伺《うかが》いしたいのですが、海江田さんは、確か、野末陳平《のずえちんぺい》さんの秘書だったと思います。

海江田万里守護霊　ああ、そうなんです。

石川　何か、姓名《せいめい》判断的なアドバイスなどは、なかったのですか。

海江田万里守護霊　まあ、陳平さんは、占《うらな》いだからさ。早稲田《わせだ》で東洋哲学《てつがく》をやって、占いで姓名判断をやってる人だよな。それの秘書だから、特に東洋哲学系の宗教で、道教《どうきょう》、暦学《れきがく》、易経《えききょう》などに造詣《ぞうけい》がないわけではないんだ。「人気が出るか、出そうか。衰運《すいうん》かどうか」というようなのは、私にも、多少分かるところがある。

うーん……。まあ、ここで、急に政治家でなくなるが、君たちは、今のところ、運勢学的には、まだまだ「山」が出てくるだろうとは思うよ。

酒井　あなたも占いができるのですか。

海江田万里守護霊　そりゃそうですよ。だって、野末陳平の秘書なんですから、できるに決まってる。

石川　では、自分を占ったらどうですか。

海江田万里守護霊　ええ？

酒井　いや、自分っていうか、（石川に）ちょっと待ってください。今、われわれを占ってくださっているんですよ。

幸福実現党は、まだまだ運勢がよいのですか。

海江田万里守護霊　だから、ちゃんと、その方向に進んでるじゃないですか。

酒井　ああ……。

海江田万里守護霊　もう、野党が全部〝草刈《くさか》り場〟になってるじゃない？　それらが全部潰《つぶ》れて、そのあと、安倍《あべ》の自民党一本になって、これがポシャッたときにどうなるか。

酒井　そこがいちばん問題ですよね。

海江田万里守護霊　ええ。ポシャッたときに、もし、おたくが百人単位で候補者を立てられるとなったら、取れる可能性はあるわね。本当は、第一回目の選挙（二〇〇九年衆院選）のときに、それを狙《ねら》ったんでしょうけど、国民とマスコミの認識が、そこまで行ってなかったからね。

左翼《さよく》勢力や公明党の復権は「中国自体が潰《つぶ》しにかかる」

酒井　ただ、左翼《さよく》勢力や公明党など、そういった勢力がありますが、このあたりの復権はないのですか。

海江田万里守護霊　いやあ、それは、中国自体が潰《つぶ》してくると思うよ（笑）。

酒井　「中国が潰す」といいますと……。

海江田万里守護霊　彼らは、自分らの振《ふ》る舞《ま》いを客観視できないからね。本能のままに動いてくるから、餌《えさ》にたかってくるハイエナみたいなものだ。もう、自分らの利益になることに関しては、遠慮《えんりょ》しないからね。

酒井　では、彼らの言っていることを、中国が踏《ふ》みにじっていくと？

海江田万里守護霊　そうそう。左翼に正当性がないことを、中国自体が証明してくれるから。

酒井　証明してくれる？

海江田万里守護霊　たぶん、この流れではね。

酒井　これも占いとしては……。

海江田万里守護霊　ああ。もう、ほぼ外れないね。

酒井　外れない？

海江田万里守護霊　外れない。習近平《しゅうきんぺい》が十年やるのなら、これは、もう完璧《かんぺき》に当たるわ。

酒井　そうですか。

海江田万里守護霊　うん。姓名《せいめい》判断的にみて、「習近平《しゅうきんぺい》は項羽《こうう》のような人生を送る」？

酒井　習近平《しゅうきんぺい》の姓名《せいめい》判断をしてみては、どうですか。

海江田万里守護霊　彼は、覇王《はおう》を目指して潰れる。まあ、項羽《こうう》みたいな人生だわ。

酒井　あ、そうですか。項羽みたいな人生……。

海江田万里守護霊　うん。だから、名を上げるよ。その残忍《ざんにん》さと獰猛《どうもう》さと勇猛果敢《ゆうもうかかん》さで、名を上げると思うよ。

酒井　なるほど。

海江田万里守護霊　世界中が震《ふる》え上がると思う。

酒井　そのときの日本の運勢は、どうなのでしょうか。

海江田万里守護霊　うーん。だから、〝項羽〟に対して、大川隆法が立ち回るんじゃないの？

酒井　なるほど。そういうシナリオですか。

海江田万里守護霊　うん。そういう感じ。

日本が「指針」で最終的に迷うことのない理由

酒井　では、日本の最終着地は、どのような感じになるのでしょうか。

海江田万里守護霊　あれ（習近平）が通り過ぎたあとは、何とか、ジワッと回復できるんじゃないの？　今のところ、こちらは、軍師か大将か知らないけど、ちゃんとした見解を持ってる者がいるからね。

これは、大きくても小さくてもいいんですが、灯台みたいに、ちゃんと光を放つものがあるので、みんな、「ああ、この方向についていけばいいんだ」というのが見えてるし、マスコミも、ギャアギャア言いながら、ちゃんと見てはいるからね。国民もかすかに見てるし、政治家も見てるので、最後は拠《よ》り所になっている。

幸福の科学と幸福実現党、まあ、どっちでもいい。二つもあったら、めんどくさいので、どっちか一つにしてほしいぐらいだけど、これが存在して活動している以上、この国が「指針」で最終的に迷うことは、たぶんない。

酒井　ないですか。

海江田万里守護霊　ないね。向こうからは、簡単に攻め落とせ《せ》るように見えて、「一気に出城《でじろ》を攻め落としてしまえ！」っていうぐらいの感じだと思うけど、「楠木《くすのき》正成《まさしげ》みたいな者がいて、なかなか落ちない」という感じになるだろうね。

酒井　そのようになると？

海江田万里守護霊　ああ、たぶん。

意外な〝伏兵《ふくへい》〟に中国の世界戦略は阻《はば》まれる

酒井　では、幸福実現党には、今後も存在意義があるのですか。

海江田万里守護霊　だから、〝楠木正成〟だよ、これ。本当に。

酒井　なるほど。

海江田万里守護霊　「おお。こんなところで〝伏兵《ふくへい》〟が！」「中国の世界戦略が、こんなところに邪魔《じゃま》されるとは！」というところだね。

酒井　やはり、あなたは、それを見抜《みぬ》いているわけですね？

海江田万里守護霊　（舌打ち）見えるよ。そりゃあ、はっきり見えるわ。もうすでに阻《はば》まれつつあるから。

酒井　はい。

海江田万里守護霊　彼の国際戦略は阻まれつつある。行動を起こす前に、手を読まれてるじゃないですか。これはすごいわね。

酒井　そうすると、幸福実現党は、これから、どういう路線で進んでいくべきなのでしょうか。

海江田万里守護霊　まあ、自分らが政権党になれるかどうかは、ちょっと時間がかかるかもね。そういうかたちでは取れないかも。

つまり、「楠木正成流」ということは、やっぱり、奇計《きけい》を用いて意表を突《つ》き、相手を混乱させ、敵の作戦を潰していくような戦い方だろう。要は、「混乱している間に、その侵略《しんりゃく》計画を阻んでしまう」ということでしょう?

酒井　うーん。

海江田万里守護霊　つまり、まずは「撃退《げきたい》」のところだから、これは、そんな強者《きょうしゃ》の戦略ではないよね。弱者の戦略だけども、「自分らは丸裸《まるはだか》でいたい」という国民が大勢いるなかで、この国を守るのは大変ですよ。

酒井　（苦笑）

海江田万里守護霊　普通《ふつう》は、「敵が攻めてくる」という場合、武力を強化しなきゃいけませんからね。〝お侍《さむらい》さん〟を増やして、武器や弾薬《だんやく》、弓矢を増やさなきゃいけないのに、これを持ちたくない人が大勢いるというのは、本当にどうしようもない。

酒井　不思議な国ですからね。

海江田万里守護霊　だから、〝水呑《みずの》み百姓《びゃくしょう》〟の山には、もう本当に困ってるわね。

酒井　ええ。侵略されたあとは、文句《もんく》を言うのでしょうけど。

海江田万里守護霊　日本の神様も、日本国民を愛してるのに、罰《ばち》を与《あた》えてばかりなんですからね。

酒井　国民は、なかなか分かってくれません。

海江田万里守護霊　ええ。だから、とりあえずは、この国を守るところで、しばらく頑張《がんば》るしかないでしょう。

幸福実現党は自民党の主流派と一体化してくる?

海江田万里守護霊　そのうち、時代が変わったときに、流れも変わるだろうけど、何となく感じとしては、「新しい政党をつくる」というより、自民党の主流派と一体化してくるんじゃないの?

酒井　「流れ込《こ》んでくる」ということですか。

海江田万里守護霊　うーん。一体化してくるんじゃないですかね。責任を持つ保守政治家は、今の野党のなかにもいるけど、なんか一体化してくるような感じはするけどねえ。

酒井　なるほど。そうしますと、やはり、「楠木正成であれば、引いてはいけない」といいますか、「幸福実現党自体が引いてはいけない」ということですね。正論を言い続けないと……。

海江田万里守護霊　いや、あれ（楠木正成）は死んだふりもするからね。

酒井　（笑）

海江田万里守護霊　「もう死んだ」ということで安心させて騙《だま》したり、城を明け渡《わた》してから取り返したり、知らないうちに落ちない城をつくったりと、ゴソゴソゴソゴソするから、あそこには、本当に手を焼いていた。
まあ、そんな感じになるかもしれないけど、ただ、習近平の世界戦略は、たぶん崩《くず》されると思うね。

酒井　それを崩すのは、自民党では無理ですか。

海江田万里守護霊　いや、自民党はタスクフォース、つまり、実行部隊なんじゃないの？　実行部隊の部分は、すぐにつくれないよ、やっぱり。

酒井　なるほど。分かりました。

11 過去世《かこぜ》に見え隠《かく》れする「強みと弱み」

「うだつの上がらない軍師が過去世《かこぜ》」と自嘲《じちょう》

酒井　今のお話を聞くかぎり、過去世《かこぜ》では、南北朝のあたりにいらっしゃったのですか。

海江田万里守護霊　うーん、過去世ねえ。いやあ、そういうのは、もういいじゃない。占《うらな》い師は、もうほっといてよ。もう、そういう……。

酒井　過去世は占い師だったのですか。

海江田万里守護霊　占い師というか、何というか。うーん。まあ、うだつの上がらない軍師ぐらいのところかな。

酒井　うだつの上がらない軍師？　戦国時代でしょうか。

海江田万里守護霊　うーん。まあ、どこでもいいよ。どこでもいいけど、うだつの上がらない……。

酒井　日本人ですよね。

海江田万里守護霊　ええ？　まあ、いろいろだよ。いろいろいるよ。

酒井　中国もありますか。

海江田万里守護霊　いろいろ、いろいろ、いろいろ、いる……。

酒井　万里《ばんり》の長城《ちょうじょう》をつくったころに、何かありますか。

海江田万里守護霊　いやいや（苦笑）。もう勘弁《かんべん》して……。

酒井　（笑）（会場笑）

海江田万里守護霊　勘弁してくださいよ。本当に勘弁、勘弁……。

酒井　ただ、この霊言《れいげん》は遺《のこ》りますし、やはり、「民主党の代表をやっていた」というだけで、将来、レッテルを貼《は》られますので。

海江田万里守護霊　ああ。

酒井　少し、よい印象を書いておいたほうがいいですよ。

海江田万里守護霊　うーん。

酒井　次の選挙もあるかもしれませんし。

海江田万里守護霊　いやあ、もう、名乗るほどの者《もん》ではないですよ。本当に名乗るほどの……。

おたくは、なんか、キラ星のような英雄《えいゆう》を、だいぶ抱《かか》えているようだから、そういう時代が来るんじゃないですか。あと十年もしたら、力を持つ人が出てくる……。

酒井　それで、あなたご自身は何時代なのですか。

海江田万里守護霊　ん？

酒井　守護霊さんですよね。何時代ですか。

海江田万里守護霊　何時代……（苦笑）。厳しいねえ。身元調べが、なんかつらいなあ。うーん。困ったなあ。

酒井　そういう優柔不断《ゆうじゅうふだん》だから駄目《だめ》なんです。もっとバシッといかないと、代表として生きていけないですよ。

海江田万里守護霊　あなたは、今、私を見ていて、どのくらい偉《えら》いように見える？

酒井　うーん。まあ、いい人ですよね。

海江田万里守護霊　いい人だよねえ。

酒井　ええ。いい人だけど、トップに立つと、国を傾《かたむ》けてしまうというか……（笑）。

海江田万里守護霊　それほど、それは……。

酒井　あ、トップに立ったことはないのですね。

海江田万里守護霊　それはどうかねえ。やっぱり、〝評論家〟なんじゃないの？

酒井　評論家ですか。

海江田万里守護霊　要するに、口を出すけど、実際に大権は握《にぎ》らないタイプの人なんじゃないの？

石川　後醍醐《ごだいご》天皇の臣下とか、そういうことはないですか。

海江田万里守護霊　うーん。もう勘弁してくださいよ。縄文《じょうもん》時代から弥生《やよい》時代にかけて「ねずみよけ」を発明した？

酒井　サービスのために、一人だけ教えてください。

海江田万里守護霊　自分の占いは嫌《いや》だ。

酒井　一人だけ教えてください。

海江田万里守護霊　自分の占いは嫌だなあ。うーん。

酒井　宣伝になる人を一人だけ。

海江田万里守護霊　うーん。そうだねえ。まあ、昔、縄文《じょうもん》時代から弥生《やよい》時代に移るころに、ねずみよけを発明したことがあるなあ。

酒井　（苦笑）それでは宣伝にならないです。

海江田万里守護霊　ええ?

酒井　誰《だれ》も知りませんよ。

石川　ねずみ返しですか。

海江田万里守護霊　「高床《たかゆか》式倉庫で穀物をたくわえても、ねずみよけをつければ襲《おそ》われない」というようなものを発明した。そういう意味では、何て言うか、「国民の食糧《しょくりょう》を守った」というのかなあ。

酒井　なるほど。そういうことをされたわけですね?

海江田万里守護霊　非常に優《すぐ》れた英雄ですよ。

酒井　（苦笑）
　幕末に「琉球貿易《りゅうきゅうぼうえき》」で薩摩藩《さつまはん》の財政を富ます商人をしていた

酒井　なぜ、名前をおっしゃらないのですか。

海江田万里守護霊　ええ？　いや、あまり語るほどの者ではないから、もういいよ。

酒井　そんなに謙遜《けんそん》されなくていいですから。

海江田万里守護霊　ええ？　だけど、もう年を取って、もうすぐ消えるからさあ。

酒井　ただ、ここまで引っ張ったわけですから、この時間が無駄《むだ》になってしまわないためにも、一人だけ教えてください。

海江田万里守護霊　（舌打ち）参ったなあ。君たちは、出てくる人が、みんな偉い人だと思ってるらしいから、本当……。

酒井　いや、偉いとか、偉くないとかではなく、「どういう時代で、どういうことをしていたか」ということぐらいはあるのではないですか。

海江田万里守護霊　うーん。嫌だなあ。やっぱり、嫌だなあ。うーん。

酒井　そんなに言えない人なのですね。それでは、もっと聞きたくなりますよ。

石川　（笑）

海江田万里守護霊　まあ、そんなに、ずっと偉くないのよ。

酒井　いいですよ。

海江田万里守護霊　何かねえ、いちばん最近ので言えば、うーん。「薩摩《さつま》で維新《いしん》の志士」と言いたいけど、違《ちが》うんだな。

酒井　違うのですか。

海江田万里守護霊　琉球《りゅうきゅう》貿易で密貿易をやって、藩《はん》の財政をちょっと富ますような商人をやってた。

酒井　なるほど。

海江田万里守護霊　そんなあたりなので、言ったって、名前を知っている人がいるわけがないでしょうが！

酒井　（笑）では、明治維新には出ていたわけですね？

海江田万里守護霊　ああ。だから、薩摩を富ます一翼《いちよく》は担《にな》っておった。

酒井　ああ。琉球と……。

海江田万里守護霊　そうそう。外国から武器を買うための金をたくわえて、幕府に対抗《たいこう》できるだけの力をつける意味で、貿易商人をやっておったわけです。

酒井　ほかに、何かありますか。

海江田万里守護霊　ええ？　ほかに？　まあ、あるけど……。

酒井　名前が遺《のこ》っている過去世はありますか。

海江田万里守護霊　まあ、似たようなもんです。

酒井　やはり、商人が多いのですか。

海江田万里守護霊　商人も多いけど、政治のほうに出た場合は、「直接、刀を振《ふ》るって勝つ」というより、評定《ひょうじょう》でものを言う……。

酒井　誰に仕えていましたか。

海江田万里守護霊　ええ？　「小田原評定《おだわらひょうじょう》」なんて感じのところに出てくる……。

酒井　北条《ほうじょう》氏ですね。

海江田万里守護霊　だから、出したって、大したことないんだって。もう、勘弁してくださいよ。

酒井　なるほど。

中国の影響《えいきょう》を受けつつも薩摩藩《さつまはん》の管轄《かんかつ》下だった琉球《りゅうきゅう》

酒井　最後に、少し気になったのですが、「琉球《りゅうきゅう》貿易をやっていた」ということで言えば、「琉球が中国のものなのかどうか」について、あなたは意見を言えますよね。

海江田万里守護霊　琉球と貿易をしてて、やっぱり、「中国とは別」という感覚はありましたね。

酒井　はい。

海江田万里守護霊　だけど、わりあい中間帯的な立場にあったことは事実だね。よく分からない感じ。

酒井　中国が、あそこを、「自分の領土だ」と主張できる理由は何ですか。

海江田万里守護霊　でも、いちおうは、薩摩藩《さつまはん》が管轄《かんかつ》下に置いていたことは事実なんだよ。

酒井　実質支配はしていたのですね。

海江田万里守護霊　そうそう。薩摩藩の管轄下にはあったと思うな。もちろん、中国は近いから、文化的に影響《えいきょう》を受けてたけど、いちおうは、薩摩藩が管轄下に置いてたのではないかなあ。

ただ、日本というよりは、やっぱり、少しエキゾチックな雰囲気《ふんいき》はあった感じかな。

酒井　なるほど。分かりました。

最後に「政界の『闇《やみ》権力』の研究」を勧《すす》める

海江田万里守護霊　あまり、お役に立てなくて、すみませんでした。

酒井　いえ、とんでもないです。もし、幸福実現党のほうに応援《おうえん》に来ていただけるのであれば、ぜひ来ていただいて……。

海江田万里守護霊　もう年を取ったから要《い》らないでしょう？　私でいいなら、舛添《ますぞえ》さんだっていけるから。要らないでしょう？

酒井　港区《みなと》であれば、お近くですので、ぜひ、何か……。

海江田万里守護霊　いや、おたくの候補者を落とすのに、だいぶ頑張《がんば》ってしまったから、きっと怒《おこ》ってるだろう。

酒井　（笑）

海江田万里守護霊　いや、だって、与謝野《よさの》と二人で競争してるところに入ったって、勝てるわけないいじゃやない。本当にねえ。

酒井　まあ、そうかもしれませんが。

海江田万里守護霊　うーん。

酒井　ただ、「当会の言っていることが正しかった」ということは、やはり、ご存じだったわけですね。

海江田万里守護霊　まあ、百パーセントとは言わないけど、八十五点は出るよ。おたくの言ってることは、だいたいは合ってるよ。

足りないのは、「『政治の世界には、もうちょっと泥臭《どろくさ》くて汚《きたな》い権謀術数《けんぼうじゅっすう》とか、ドブさらいみたいな仕事とかもたくさんある。そうした、表向きは犯罪にならないような、裏の動きがいくらでもある』というところを、まだ、十分に解明し切っていないらしい」ということだ。だから、「十五パーセントぐらい、『闇《やみ》権力』の部分の研究が足りてないようには見える」ということは言っておきたいな。

いや、自民党なんか長くやってたから、そらあ、裏でいっぱい「闇権力」を持ってるし、民主党だって、ちょっとは裏にありますよ。ほかのところも、みんなある。そのへんのところの研究が、あまり十分じゃないような気はするね。だから、八十五パーセントぐらいかな。

酒井　はい。ありがとうございました。

海江田万里守護霊　はい。

大川隆法　（二回手を叩《たた》く）どうも。

12 「弱さ」が悪を生まないことを望む

大川隆法　まあ、予想どおりでした。「おそらく、安倍《あべ》さんの政策を批判できず、本当は苦しくて負けたのだろう」と思っていましたが、そのとおりでした。

酒井　そうですね。

大川隆法　ええ。経済政策については、いちばん自分がやりたかったことでしょう。しかし、いちいち全部に毒づかなければいけないとは、大変ですね。

酒井　「自分の思っていることを何も言えない」という不遇《ふぐう》な方です。

大川隆法　まあ、巡《めぐ》り合わせが悪うございますね。

酒井　はい。

大川隆法　気の毒です。ただ、もし天変地異などがあれば、海江田さんのせいではなく、安倍さんのせいになるから逃《のが》れられますね。

酒井　（笑）

大川隆法　そういう意味では、不遇ではないかもしれません。

酒井　そうですね。

大川隆法　どこかで、少しは、「いい人だった」といって人気が回復するかもしれないですし、次の第二党をめぐっての争いも、すでに始まっているのだと思います。ただ、少し、先が分からなくなってきています。二大政党が完全になくなるのか、復帰するのか、分からなくなってきてはいるのでしょう。

酒井　この方には、そういう構想がまったくないような感じがしました。

大川隆法　ないですね。だから、「いつ辞《や》めるか」を秒読みしているだけでしょう。「最後に大恥《おおはじ》をかいて、クビになりたくない」という感じは持っているようでした。

今回の霊言《れいげん》が本として出ること自体で、本音と建前《たてまえ》の距離《きょり》が見えて、お気の毒かもしれません。早く辞められるかもしれませんね。

酒井　そうですね。ただ、そちらのほうが、ご本人にとってはいいかもしれません。

大川隆法　そうですね。まあ、「いい人」で終わりたいところです。

酒井　ええ。

大川隆法　「いい人」といっても、村山富市《むらやまとみいち》さんのような「いい人」にはなってほしくありません。

酒井　えてして、悪い人に使われてしまいますので。

大川隆法　村山さんも河野洋平《こうのようへい》さんも、この世的には「いい人」なのでしょう。しかし、気をつけないと、この弱さが、悪を生むことがあるのです。

この人にとって、本書がよい本になるかどうかは知りませんが、結局、「後悔《こうかい》は海よりも深く――民主党《タイタニック》は浮上《ふじょう》するか」という厳しい題そのものになるかもしれません。

酒井　はい。

大川隆法　浮上せずと。

酒井　浮上しないでしょうね。もう、何もないと思います。

大川隆法　まあ、引き揚《あ》げるのは、かなり難しいですね。

酒井　ええ。

大川隆法　「ご冥福《めいふく》を祈《いの》ります」と言ってはいけないでしょうから、ご健勝をお祈り申し上げて、最後にしましょうか。

酒井　はい。ありがとうございました。

あとがき

海江田代表の基本的な考え方は、私共《わたくしども》とさほどは違わないようである。すべては巡《めぐ》り合わせなのかもしれない。外交音痴《おんち》、経済音痴が続いた後の代表は、さぞつらかろう。性格が優《やさ》しすぎることが災《わざわ》いして、民主党に魅《ひ》かれたのだろう。だが、タイタニックを沈めている者は、安倍自民党ではない。実は、自治労《じちろう》や日教組《にっきょうそ》こそが、氷山の正体かもしれない。

安倍自民党も、「経済成長」という名の第三の矢が、いったいどこに向かって飛んでいくのかは、本音では判《わか》らないようだ。経済の専門家として、最後の魚雷《ぎょらい》を一本お撃《う》ちになり、後世に名を残されることをお祈り申し上げる。

二〇一三年　八月十日

幸福実現党総裁《こうふくじつげんとうそうさい》　大川隆法《おおかわりゅうほう》

『海江田万里・後悔は海よりも深く』大川隆法著作関連書籍

『夢のある国へ――幸福維新』（幸福の科学出版刊）
『新・日本国憲法 試案』（同右）
『そして誰もいなくなった
――公開霊言 社民党 福島瑞穂党首へのレクイエム――』（同右）
『共産主義批判の常識
――日本共産党 志位委員長守護霊に直撃インタビュー――』（同右）
『スピリチュアル政治学要論
――佐藤誠三郎・元東大政治学教授の霊界指南――』（同右）
『「河野談話」「村山談話」を斬る！』（同右）
『「仏説・降魔経」現象編――「新潮の悪魔」をパトリオットする』（同右）
『天照大神の未来記』（同右）

『公明党が勝利する理由
──山口代表 守護霊インタビュー──』（幸福実現党刊）
『財務省のスピリチュアル診断』（同右）

海江田万里《かいえだばんり》・後悔《こうかい》は海《うみ》よりも深《ふか》く
──民主党《タイタニック》は浮上するか──

2013年8月27日　初版第1刷

著　者　大《おお》川《かわ》隆《りゅう》法《ほう》

発　行　幸福実現党
〒107-0052 東京都港区赤坂2丁目10番8号
TEL(03)6441-0754

発　売　幸福の科学出版株式会社
〒107-0052 東京都港区赤坂2丁目10番14号
TEL(03)5573-7700
http://www.irhpress.co.jp/

印刷・製本　株式会社 堀内印刷所

落丁・乱丁本はおとりかえいたします

ISBN978-4-86395-376-5 C0030
写真：AFP EPA=時事 アフロ

大川隆法 霊言シリーズ・最新刊

天照大神の未来記

この国と世界をどうされたいのか

日本よ、このまま滅びの未来を選ぶことなかれ。信仰心なき現代日本に、この国の主宰神・天照大神から厳しいメッセージが発せられた!

1,300円

H・G・ウェルズの未来社会透視リーディング

2100年 ―― 世界はこうなる

核戦争、世界国家の誕生、悪性ウイルス……。生前、多くの予言を的中させた世界的SF作家が、霊界から100年後の未来を予測する。

1,500円

「仏説・降魔経」現象編――「新潮の悪魔」をパトリオットする

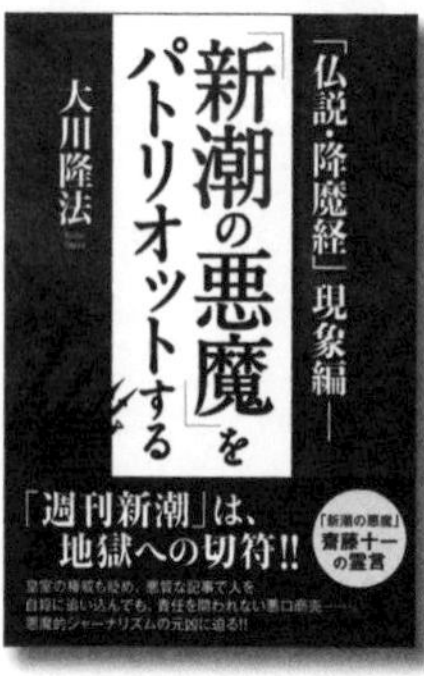

「週刊新潮」「FOCUS」を創刊し、新潮社の怪物と称された齋藤十一の霊が、幸福の科学を敵視する理由を地獄から激白!

1,400円

※表示価格は本体価格(税別)です。

大川隆法霊言シリーズ・党首への守護霊インタビュー

公明党が勝利する理由

山口代表 守護霊インタビュー

公明党は、政権与党で何をしてくれるのか? 選挙戦略の秘訣から創価学会との関係、そして外交・国防、憲法改正等、山口代表の本音に直撃!
【幸福実現党刊】

1,400円

共産主義批判の常識

日本共産党 志位委員長守護霊に直撃インタビュー

暴力革命の肯定と一党独裁、天皇制廃止、自衛隊は共産党軍へ──。共産党トップが考える、驚愕の「平等社会」とは。共産主義思想を徹底検証する。

1,400円

そして誰もいなくなった

公開霊言
社民党 福島瑞《みず》穂《ほ》党首へのレクイエム

増税、社会保障、拉致問題、従軍慰安婦、原発、国防──。守護霊インタビューで明らかになる「国家解体論者」の恐るべき真意。

1,400円

幸福の科学出版

大川隆法霊言シリーズ・正しい歴史認識を求めて

「河野談話」「村山談話」を斬る！

日本を転落させた歴史認識

根拠なき歴史認識で、これ以上日本が謝る必要などない!! 守護霊インタビューで明らかになった、驚愕の新証言。「大川談話（私案）」も収録。

1,400円

安重根は韓国の英雄か、それとも悪魔か

安重根 & 朴《パク》槿《ク》惠《ネ》大統領守護霊の霊言

なぜ韓国は、中国にすり寄るのか？ 従軍慰安婦の次は、安重根像の設置を打ち出す朴槿惠・韓国大統領の恐るべき真意が明らかに。

1,400円

神に誓って「従軍慰安婦」は実在したか

いまこそ、「歴史認識」というウソの連鎖を断つ！ 元従軍慰安婦を名乗る2人の守護霊インタビューを刊行！ 慰安婦問題に隠された驚くべき陰謀とは⁉
【幸福実現党刊】

1,400円

※表示価格は本体価格（税別）です。

大川隆法 霊言シリーズ・正しい歴史認識を求めて

「首相公邸の幽霊」の正体

東條英機・近衛文麿・廣田弘毅、日本を叱る！

その正体は、日本を憂う先の大戦時の歴代総理だった！ 日本の行く末を案じる彼らの悲痛な声が語られる。安倍総理の守護霊インタビューも収録。

1,400円

原爆投下は人類への罪か？

公開霊言 トルーマン & F・ルーズベルトの新証言

なぜ、終戦間際に、アメリカは日本に2度も原爆を落としたのか？「憲法改正」を語る上で避けては通れない難題に「公開霊言」が挑む。
【幸福実現党刊】

1,400円

公開霊言 東條英機、「大東亜戦争の真実」を語る

戦争責任、靖国参拝、憲法改正……。他国からの不当な内政干渉にモノ言えぬ日本。正しい歴史認識を求めて、東條英機が先の大戦の真相を語る。
【幸福実現党刊】

1,400円

大川隆法 ベストセラーズ・世界で活躍する宗教家の本音

大川隆法の守護霊霊言

ユートピア実現への挑戦

あの世の存在証明による霊性革命、
正論と神仏の正義による政治革命。
幸福の科学グループ創始者兼総裁
の本心が、ついに明かされる。

1,400円

政治革命家・大川隆法

幸福実現党の父

未来が見える。嘘をつかない。タブー
に挑戦する――。政治の問題を鋭く
指摘し、具体的な打開策を唱える幸福
実現党の魅力が分かる万人必読の書。

1,400円

素顔の大川隆法

素朴な疑問からドキッとするテーマま
で、女性編集長3人の質問に気さくに
答えた、101分公開ロングインタビュー。
大注目の宗教家が、その本音を明かす。

1,300円

※表示価格は本体価格（税別）です。

大川隆法ベストセラーズ・幸福実現党が目指すもの

幸福実現党宣言

この国の未来をデザインする

政治と宗教の真なる関係、「日本国憲法」を改正すべき理由など、日本が世界を牽引するために必要な、国家運営のあるべき姿を指し示す。

1,600円

政治の理想について

幸福実現党宣言②

幸福実現党の立党理念、政治の最高の理想、三億人国家構想、交通革命への提言など、この国と世界の未来を語る。

1,800円

政治に勇気を

幸福実現党宣言③

霊査によって明かされる「金正日の野望」とは? 気概のない政治家に活を入れる一書。孔明の霊言も収録。

1,600円

新・日本国憲法試案

幸福実現党宣言④

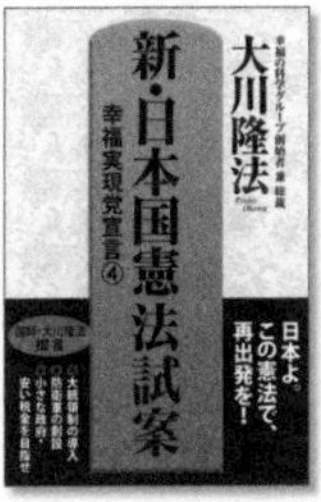

大統領制の導入、防衛軍の創設、公務員への能力制導入など、日本の未来を切り開く「新しい憲法」を提示する。

1,200円

夢のある国へ——幸福維新

幸福実現党宣言⑤

日本をもう一度、高度成長に導く政策、アジアに平和と繁栄をもたらす指針など、希望の未来への道筋を示す。

1,600円

幸福の科学出版